DOMAINE DU POSSIBLE

La crise profonde que connaissent nos sociétés est patente. Dérèglement écologique, exclusion sociale, exploitation sans limites des ressources naturelles, recherche acharnée et déshumanisante du profit, creusement des inégalités sont au cœur des problématiques contemporaines.

Or, partout dans le monde, des hommes et des femmes s'organisent autour d'initiatives originales et innovantes, en vue d'apporter des perspectives nouvelles pour l'avenir. Des solutions existent, des propositions inédites voient le jour aux quatre coins de la planète, souvent à une petite échelle, mais toujours dans le but d'initier un véritable mouvement de transformation des sociétés.

L'ÉCOLE DU COLIBRI

Coordination éditoriale réalisée
par Cyril Dion pour Colibris

ISBN 978-2-330-03674-4
www.actes-sud.fr

ISABELLE PELOUX
ET
ANNE LAMY

L'ÉCOLE DU COLIBRI

LA PÉDAGOGIE DE LA COOPÉRATION

DOMAINE DU POSSIBLE
ACTES SUD

INTRODUCTION

Depuis que je suis petite, je "joue" à l'école. J'en ai même fait mon métier : depuis les années 1980, je suis professeure des écoles. D'abord, dans l'enseignement catholique. Depuis 2006, je suis directrice de l'école du Colibri, une école élémentaire de 35 élèves fondée et installée au cœur du centre agroécologique des Amanins, dans la Drôme. Je désirais en effet créer un lieu qui prenne en compte le constat suivant : notre planète comptant 7 milliards d'individus mais disposant de ressources limitées, il va nous falloir apprendre à coopérer… Or, nourris par une culture individualiste, nous, adultes, ne savons pas bien le faire.

En plus du programme scolaire habituel, c'est cela que nous apprenons aux enfants de l'école, aussi bien à travers le travail en classe où ils sont en pédagogie de la coopération que par l'enseignement spécifique d'éducation à la paix. Cette pédagogie est apparue comme une évidence dans notre projet car un enfant intègre d'autant mieux ses apprentissages qu'il est invité à chercher puis à échanger le fruit de son travail avec d'autres enfants. Une telle approche bouscule les habitudes : ce processus d'échange avec les autres engendre du débat, de la rivalité mais il donne du sens aux acquisitions et développe la créativité. De plus, grâce à cette pédagogie, nous pourrions transformer la phrase de Descartes et affirmer : "Je parle donc je suis." En échangeant avec l'autre, je "suis" doublement : je deviens conscient de ce que je sais car je l'intègre. Et j'existe en face de cet autre qui m'écoute. Ce processus est exigeant pour l'élève comme pour l'enseignant. Mais c'est cela qui nous enrichit, grands et petits… et qui nourrit ce métier qui me passionne.

Dans notre société où notre rapport très hiérarchisé à l'éducation fait croire un peu vite que celui qui n'apprend pas comme les autres est nul, c'est notre devoir d'enseignant d'amener chaque élève aussi haut qu'il peut aller. Mais notre mission ne se limite pas simplement à instruire les enfants. Il nous faut également développer leurs compétences sociales et élever les consciences, pour leur apprendre l'art de la rencontre… La rencontre avec un autre qu'ils ne connaissent pas encore, avec un savoir qu'ils n'ont pas encore.

Un tel enjeu, face à des enfants par nature dépendants de l'adulte, nous engage en tant qu'enseignants : nous avons la responsabilité de nous connaître nous-mêmes pour accompagner aux mieux les enfants et être à leur écoute. C'est cette posture que je décris dans ce livre, ainsi que les outils dont je me sers dans ma pratique quotidienne. Je ne présente ici ni une méthode ni des recettes mais plutôt le résultat de trente ans de recherches, que chacun s'appropriera comme il l'entend et enrichira de sa personnalité. Et comme cette expérience n'existerait pas sans les élèves, de multiples tranches de vie de l'école sont relatées tout au long du livre, pour laisser une place aux enfants et témoigner combien ils ont le don de fabriquer du vivant, du frais, du lien à l'autre… et d'enchanter leurs enseignantes !

I
LA NAISSANCE DE L'ÉCOLE

1. Quelle planète laisserons-nous à nos enfants ?

Le centre agroécologique des Amanins est né de la rencontre entre deux hommes que, *a priori*, rien ne rapprochait : Michel Valentin et Pierre Rabhi. Ce dernier, il n'est plus nécessaire de le présenter. Michel, mon compagnon (mort brutalement en 2012), était un homme d'affaires arrivé à un tournant de sa vie : il désirait investir l'argent qu'il avait gagné dans un projet qui aurait du sens pour lui et qui serait en rapport avec la terre. Michel était né d'une mère paysanne et d'un père commerçant ; toute son enfance, il a souffert de voir ses deux cultures s'opposer, ses parents cherchant sans cesse à savoir qui avait fait "le bon choix". Les deux valeurs transmises étaient l'argent et le travail. Michel a choisi le commerce ; pour gagner de l'argent, ce choix semblait plus sûr ! Un jour, une collègue lui parle de Pierre Rabhi. Michel le rencontre et il retrouve avec lui une cohérence de vie. Pierre remet l'argent à sa juste place – celle d'être au service d'un projet – et Michel réconcilie sa partie commerçante et sa partie paysanne. L'idée fait donc son chemin de créer un lieu accueillant des familles en vacances à la ferme, des classes de découvertes, des séminaires, des stages. Au centre de ce projet agroécologique figurait la ferme (maraîchage, élevage, fabrication de fromages, etc.), pour assurer l'autosuffisance et montrer la générosité de la nature. Les deux questions à la base de ce projet : quelle planète laisserons-nous à nos enfants ? Quels enfants laisserons-nous à la planète ? La ferme des Amanins a été acquise en 2004. L'accueil du public débuta en 2008. Le projet, respectueux de l'environnement, essaie d'être le plus autonome possible : bâti construit en bois, paille et terre crue, recyclage des déchets, toilettes sèches et lombricompostage, récupération et recyclage des eaux usées, énergies renouvelables, restaurant biologique avec les produits de la ferme.

2. … Et quels enfants laisserons-nous à la planète?

De mon côté, j'étais institutrice à Lyon, en école privée. J'exerçais ce métier depuis une vingtaine d'années. Parallèlement, je me suis formée en psychologie et j'ai appris divers outils de la dynamique relationnelle (association Adyre, dans la Drôme). À partir de 1992, je suis devenue formatrice au CFP (l'IUFM du privé) de Lyon en gestion des conflits, tout en gardant un mi-temps sur le terrain. J'accompagnais les futurs professeurs des écoles, je faisais de la formation continue pour les équipes enseignantes, les directeurs et j'animais des groupes de parole de parents.

En classe, je rencontrais chaque jour les obstacles que connaît n'importe quel enseignant: difficultés à s'occuper correctement des élèves qui peinent, classes surchargées empêchant de personnaliser les apprentissages, journées à rallonge qui saturent l'enfant de savoirs, enfants en difficultés comportementales qui attendent d'être orientés en Clis (classe pour l'inclusion scolaire) faute de place, etc.

En 2002, après ma rencontre avec Michel, je décide de vivre avec lui dans la Drôme. Son travail avec Pierre me passionne. Suite aux deux questions posées par le projet, mon âme d'éducatrice se réveille. Michel me demande de mettre sur pied des classes de découvertes à destination des collèges et lycées, qui permettront de sensibiliser un public scolaire aux questions d'écologie. Un jour, je déjeune avec un ami de longue date, directeur d'école primaire. Comme souvent, nous imaginons notre école idéale sans penser à la créer mais plutôt en espérant que le système changerait. À mon retour, j'en parle à Michel; c'est une bonne idée de proposer des stages de découvertes pour apporter ponctuellement aux enfants un autre regard sur la nature mais ce serait encore mieux de faire une école, fondée sur les principes qui nous sont chers. Être en paix avec l'environnement, c'est bien…, mais ce n'est qu'un premier pas: ce n'est pas parce que nous trions nos déchets que nous allons sauver la planète! Il faudrait trouver un moyen pour être, également, en paix avec soi-même et avec les autres. Michel me dit: "L'aspect financier, je m'en occupe. Invente-la, cette école dont tu rêves!" Il m'a prise au pied de la lettre. Quel chamboulement: jusqu'à présent, j'étais "contre" tout ce qui ne marchait pas dans le système scolaire. Voilà qu'il me fallait changer de posture et définir "pour" quoi j'étais... Pour monter une école privée hors contrat, les démarches sont – à ma grande surprise – très simples: il suffit d'avoir le bac, un casier judiciaire vierge et de faire un courrier à la mairie, à la préfecture, et à l'inspecteur d'académie qui s'assure que je ne suis pas une institutrice radiée de l'Éducation nationale. Nous sommes alors assimilés à l'instruction à domicile. Très vite, nous obtenons un numéro d'immatriculation (au printemps 2014, nous avons obtenu l'agrément du ministère de l'Éducation nationale; nous sommes donc désormais une école privée laïque sous contrat).

À peu près à cette même époque, j'entends parler d'une formation d'éducation à la paix. Je pars faire un stage de cinq jours sans bien connaître son contenu. J'y trouve ce dont j'ai besoin: une formation qui, s'inspirant du mouvement créé par Pierre Weil (fondateur d'Unipaz, Université de la paix, au Brésil) propose d'apprendre à vivre en paix avec soi-même, avec les autres, et avec l'environnement. D'un coup, tout ce que j'avais appris en développement personnel trouvait une cohérence avec mon expérience professionnelle. Peu à peu, j'ai commencé à imaginer une école où la pédagogie serait basée sur la coopération et non sur la compétition, et où nous transmettrions aux enfants les bases d'une éducation à la paix. Voilà comment est née l'école du Colibri. Plutôt que de nous lamenter sur le monde tel qu'il (ne) va (pas), inventons une école qui porte des valeurs essentielles à nos yeux. Et agissons comme le colibri: faisons notre part pour construire une humanité plus respectueuse et solidaire. Une petite part mais une belle part!

3. Le fonctionnement de l'école

L'école compte 35 élèves, du CP au CM2. Chaque année, nous accueillons environ 20 % d'enfants en grande difficulté: c'était notre volonté du départ d'accueillir des enfants qui n'auraient peut-être pas trouvé leur place dans une école "standard". Ces enfants qui n'apprennent pas comme les autres enrichissent le groupe et, grâce à leur présence, le reste des élèves s'éveille à la tolérance et à la différence bien plus que si tous ne partageaient pas le même quotidien. Nous avons décidé de ne pas aller au-delà de ce pourcentage de 20%, pour accompagner ces enfants en difficulté dans les meilleures conditions. Certains d'entre eux bénéficieraient d'une auxiliaire de vie scolaire s'ils étaient dans une école publique ou seraient en Clis.

Une école à niveaux mélangés

Au moment de l'ouverture de l'école, je m'étais préparée à accueillir un groupe à plusieurs niveaux, ce que je n'avais jamais vécu jusque-là. Aujourd'hui, je ne souhaiterais plus travailler autrement! Le multiniveau permet des tas d'échanges dans le groupe et la maturité des enfants d'âges différents fluidifie les relations entre eux et enrichit les uns et les autres.

Ici, les élèves se répartissent dans deux classes: CP, CE1 et CM2 d'un côté; CE2 et CM1 de l'autre. Pour les parents qui n'ont jamais connu de classes où un "vieux" de CM2, parfois préadolescent, côtoie un tout petit CP, en voici quelques avantages. D'abord, les élèves apprennent à travailler en autonomie puisque, par principe, lorsque je travaille avec les CP, je ne peux pas travailler en même temps avec les CM2. Il y a donc toujours un temps où les enfants font des exercices (ou des jeux) qui se prêtent à un travail individuel. Ils prennent l'habitude de travailler même quand l'enseignant ne surveille pas s'ils sont actifs ou distraits. Cela les rend très autonomes. Par ailleurs, les CM2 tutorent les petits, ce qui nous fait gagner un temps précieux. En début d'année, les grands aident les plus jeunes à mettre un protège-cahier, à écrire leur prénom sur les étiquettes autocollantes, à coller des documents pour les parents. Quant aux CP, ils se régalent d'imiter les CM2 ; nous verrons dans quelques pages à quel point l'imitation est une des formes les plus basiques (et précieuses) pour apprendre. Enfin, il me semble percevoir un autre atout : la présence des petits permet aux grands de "réviser" leurs savoirs. Lorsque je suis assise avec les CP à leur petite table de travail, les grands font la queue pour me montrer le résultat de tel ou tel exercice. En attendant leur tour, ils donnent souvent un coup de main à un CP : "Je remarque une erreur, sur ta feuille. Tu as bien relu ?" J'en vois aussi un ou deux réviser des mots de base. Je pense à Sandro, un CM2 très dyslexique. À chaque fois qu'il fait la queue, il lit la consigne par-dessus l'épaule d'un CP. Je vois ses lèvres bouger... Les CE1 écoutent parfois les sons et leurs différentes graphies ; cela leur permet de les réviser. Ils entendent les exigences que j'ai avec les CM2 et ont ainsi plus de facilité à repérer ce qu'est la posture d'élève. Enfin, vivre au quotidien ensemble crée des liens particuliers entre les enfants. L'autre jour, les CP devaient lire des petits papiers sur lesquels étaient inscrites des consignes très simples : "Va vers le tableau", "Imite une vache", "Marche sur le tapis". Un CM2, les voyant déchiffrer la consigne, puis se lever aussitôt pour faire ce qui leur était demandé, murmure d'une voix attendrie à son voisin : "Ils lisent bien, les petits, cette année..." De plus, quand un grand complimente un plus jeune sur les progrès qu'il a accomplis, cela a un poids bien plus important que si cela venait de la maîtresse !

Une école privée accessible et ouverte

Il n'était pas question de créer une école qui serait réservée à une élite, parce qu'elle coûterait cher. Il était primordial pour moi de ne pas avoir les parents comme clients. Ce type de relation aurait piégé l'accompagnement des enfants, que je voulais serein. Michel a donc monté le projet de manière que le salaire de l'enseignant soit porté par la structure. Il a été notre mécène. Il était ravi de mettre son argent au service des enfants. Nous avons donc fixé le montant mensuel de l'école à 115 euros, matériel pédagogique et cantine compris. Afin d'éviter des frais supplémentaires, les parents doivent une demi-journée mensuelle de participation à la vie de l'école : ménage (le mercredi matin) et cantine (aide à la préparation des repas, puis service aux enfants). Ils viennent assurer quelques coupes de bois pour alimenter la chaudière et autres services d'entretien.

Puisque les parents ont l'habitude de tenir une place dans notre école, ils peuvent également faire profiter les enfants de leur savoir-faire. Cette année, les enfants ont été initiés par un parent à la diététique ; un autre est venu leur donner des cours de théâtre ; un autre les a initiés à l'aïkido. Ils sont aussi invités à venir témoigner lors des ateliers philosophiques.

Il n'y a pas que les parents qui donnent un coup de main, dans l'école. Les enfants, aussi, ont un "métier" qui change chaque semaine ! Tous les mardis, les rôles tournent : des enfants ramassent les papiers en classe ; d'autres rangent les tapis ; d'autres la bibliothèque ; d'autres lavent les tableaux ; d'autres vident les poubelles et les rapportent ; d'autres rangent l'entrée. D'autres rafraîchissent le coin du beau. Une consigne commune : ces activités doivent être faites le mardi avant 17 heures, pour que les parents en charge du ménage de l'école le mercredi matin puissent travailler efficacement. Par ailleurs, des enfants ramassent les œufs du poulailler chaque après-midi et les apportent à la cuisine.

Une école en lien avec la vraie vie

L'ouverture de l'école, en 2006, s'est faite en parallèle de la construction du centre des Amanins, si bien que les enfants ont suivi en direct quantité d'événements marquants. Un jour, un père de l'école est venu abattre un vieux chêne, pour libérer l'espace où serait construite la cuisine du centre. Les enfants ont vu l'élagage puis l'abattage de l'arbre. Ils ont ramassé des glands et les ont replantés pour remplacer le chêne. Un CE1 a dit : "Si je comprends bien, ce chêne a vu des choses que je ne verrai jamais, et le gland que nous allons planter verra des choses que je ne verrai jamais." Ces moments-là donnent un sens particulier à ce que l'enfant apprend à l'école. Le savoir est incarné, l'enfant l'expérimente par tout son être et pas seulement en faisant travailler son cerveau. C'est l'école hors les murs ! Nous avons aussi calculé les surfaces de carrelage à acheter pour les hébergements des Amanins et avons comparé nos résultats avec ceux de l'artisan. Je me souviens du montage de la charpente de la salle de conférences et d'un élève me disant : "Je comprends mieux pourquoi en géométrie, tu nous dis que c'est à un millimètre près !" Aujourd'hui, les constructions sont moins nombreuses, mais l'école reste toujours connectée à la vie du centre et de la ferme. Dès qu'il se passe un événement qui pourrait interpeller les enfants, nous sortons de classe pour aller observer la naissance d'un agneau, un engin inhabituel qui vient travailler dans un champ, la récolte des courges, etc. Avec la nature et l'espace dont nous disposons, nous ne manquons pas de sujets pour faire vivre "en vrai" ce que les enfants apprennent en classe. Et pour bénéficier au maximum des richesses des Amanins, les enfants font une semaine de classe de découvertes chaque année en mars. Ils font du fromage, du pain, travaillent avec l'éleveur, participent à diverses animations, etc. Ils sont donc très gâtés ! Pour leur apprendre la sobriété heureuse, nous ne faisons pas d'autres sorties afin de ne pas augmenter notre empreinte écologique. De plus, les fêtes de Noël et de fin d'année ne sont pas orientées pour rapporter de l'argent, elles ne sont faites que pour faire la fête. Ce sont des valeurs importantes pour les Amanins, retrouver la joie de faire ensemble et se contenter de ce qu'on a, surtout lorsqu'on a déjà beaucoup...

Un stagiaire dans chaque classe

Chaque année, l'école accueille deux étudiants (je devrais dire étudiantes, car je n'ai eu qu'un seul homme) de master, qui viennent faire leur service civil pendant un an aux Amanins et se "testent" comme futurs professeurs des écoles. Pour savoir si l'on est ou non fait pour ce métier, passer une année scolaire sur le terrain offre la meilleure des réponses ! Au quotidien, ces étudiants apportent une aide précieuse. Grâce à leur présence, les élèves peuvent obtenir de l'aide dès qu'une difficulté se présente. Ces deux personnes prennent en charge toute l'année un groupe d'enfants le matin en maths et en français. Je suis dans la classe et elles sont donc en tutorat. Elles savent qu'elles peuvent solliciter mes conseils à tout instant. L'après-midi, elles s'occupent des cours d'histoire, de géographie, d'arts, de sciences, de sport ou des projets pluridisciplinaires. Le mercredi, nous préparons la semaine ensemble.

4. Pour ou contre le programme scolaire ?

Je ne suis pas fâchée avec les programmes fixés par l'Éducation nationale. Globalement, je les trouve plutôt logiques... mais ils sont trop chargés ! Il y a des matières où le programme est tel que de toute façon, on ne pourra pas tout aborder correctement. C'est le cas en sciences, en arts ou en histoire-géographie ; soit j'essaie de tout aborder et je fais rentrer le savoir "avec un chausse-pied", ce qui est le meilleur moyen pour que les enfants n'en retiennent rien. Soit je décide de faire des choix pour leur transmettre moins de connaissances, mais mieux, en leur donnant du sens pour que les élèves les mémorisent à long terme. Lorsque j'effectue ces choix, j'ai la conscience tranquille, puisque je sais que dans ces matières tout ne pourra pas être vu. En revanche, en français ou en mathématiques, il faut tout aborder, mais je fais marcher mon bon sens et j'insiste sur les essentiels.

Certains s'étonnent que je ne remette pas en cause les programmes de l'Éducation nationale. Ma réponse est simple : qui suis-je, pour pouvoir affirmer que c'est bien que je n'apprenne pas aux enfants telle partie du programme ? De plus, il me semble important que l'école donne à tous les enfants une culture commune. Par ailleurs, nos élèves ne font qu'un passage aux Amanins. Ensuite, ils doivent pouvoir rejoindre le système scolaire standard ; ils ont donc besoin de suivre le même programme que leurs futurs camarades de collège. Cela énoncé, je m'approprie autrement le programme scolaire que je le faisais en début de carrière. Je m'autorise à rajouter des choses si la vie autour de l'école m'y invite, et à en supprimer si elles ne servent à rien dans ma vie d'adulte ! Avec l'expérience, j'ai compris ce que les enfants doivent savoir pour leurs études (et leur vie) futures. Un exemple concret ? Si un élève ne se souvient plus de ce que signifie le terme adjectif, mais qu'il me dit : "Dans « beau garçon », beau vient enrichir le nom, donc je dois le mettre au pluriel s'il y a plusieurs garçons", il a compris le principal. Ce n'est pas grave s'il ne sait pas utiliser le terme adjectif qualificatif épithète ! Je transmets les bases de la grammaire, de l'orthographe et de la conjugaison en m'inspirant de *La*

Grammaire en quatre pages de Célestin Freinet. Je mets beaucoup l'accent sur la lecture et la production écrite. En mathématiques, le calcul mental reste le point fort à développer, ensuite il s'agit d'acquérir des outils au service de la résolution des enquêtes. Tout cela représente un bagage que tout enfant doit impérativement acquérir...

II

POURQUOI C'EST LE MOMENT D'IMAGINER L'ÉCOLE AUTREMENT

1. Parce que l'école est en crise

Du côté des parents

Beaucoup de parents posent un regard critique sur l'école. Je le remarque auprès de ceux qui désirent monter une école alternative. Ils ne parlent jamais de leur projet pédagogique ; ce qui les intéresse, c'est l'aspect éducatif. Ils sont en effet nombreux à avoir un compte à régler avec l'école : ils n'ont plus confiance, car ils ont gardé des souvenirs cuisants d'une humiliation qu'ils ne voudraient pas que leur enfant vive à son tour. Depuis un moment, la communication est donc brouillée entre parents et enseignants. D'abord, les enseignants ont perdu toute légitimité, comme tous ceux qui ont, un jour, incarné l'autorité : religion, police, État, justice, etc. Aujourd'hui, rien ne fait plus autorité. L'école, comme les autres figures "tutélaires" de notre société, est à son tour descendue de son piédestal. En voilà un exemple : il y a des années, quand l'enfant perdait son cahier, ses parents le punissaient une fois rentré à la maison. Aujourd'hui, s'il l'égare, les parents viennent voir la maîtresse et l'accusent de l'avoir perdu ! À la place de ces autorités symboliques, nous avons un temps érigé la publicité et la consommation comme valeurs suprêmes... Il semble qu'il y ait, enfin, un retour aux valeurs spirituelles – de générosité, de joie, de partage, de lien à l'autre. Maintenant qu'elles sont débarrassées de leur côté religieux, ces valeurs plus intérieures sont de nouveau réinvesties. Il fallait peut-être que nous allions au bout de la logique matérialiste pour nous rendre compte qu'elle menait à une impasse et qu'il était temps de s'intéresser, à nouveau, à ce qui fonde l'humain. Espérons que l'école bénéficiera d'un retour en grâce. Mais il faut reconnaître que le fossé s'est creusé entre les enseignants et les parents. Les premiers ne sont jamais sortis de l'école, n'ont jamais fait de CV ni passé d'entretien d'embauche... et sont d'anciens bons, voire très bons élèves. Comment s'étonner, alors, qu'ils comprennent si mal l'angoisse ou les souvenirs douloureux de certains parents, et qu'ils prennent pour de la défiance ce qui n'est qu'une peur des parents de voir leur enfant malmené par un système dont ils ne possèdent pas les codes ou que l'échec qu'ils ont vécu se reproduise sur leur enfant ?

Du côté des résultats

L'enquête Pisa de 2012, qui a évalué 5700 élèves de 15 ans, a montré que les résultats de l'école française n'étaient pas fameux : sur 34 pays de l'OCDE, la France est passée de la 13ᵉ place (en 2003) à la 18ᵉ. De plus, notre pays est très inégalitaire : ici, la performance est la plus fortement corrélée au niveau socioéconomique et culturel des familles. Enfin, en mathématiques, 22,4 % des élèves ne possèdent pas les compétences leur permettant de faire face à des situations de la vie courante. Ils n'étaient que 16,6 % en 2003. Ces résultats sont assez médiocres, compte tenu du budget de l'Éducation nationale (63,4 milliards d'euros pour 2014) et de la volonté de nos dirigeants de mettre l'éducation au centre de leurs préoccupations...

Dans la gestion des élèves en difficulté

On me demande souvent s'il y a plus d'élèves en difficulté, plus d'enfants dyslexiques qu'auparavant ; je crois surtout qu'avant, on ne les détectait pas ! On se contentait de dire que c'étaient des cancres, qu'ils n'avaient pas "la lumière à tous les étages", qu'ils étaient flemmards. Quant aux élèves en grande difficulté, on nous reproche de ne pas les accepter dans certaines classes..., mais la gestion de ces enfants qui ont des difficultés psychiques et/ou motrices s'est faite sans beaucoup d'égards ni pour eux-mêmes, ni pour les enseignants, ni pour le reste de la classe !

Depuis 1982 que j'enseigne, je ne cesse de voir l'aide aux enfants en difficulté diminuer. Et on nous demande à la fois d'accueillir des enfants avec des handicaps plus lourds qu'autrefois, sans bénéficier d'aide ou de formation. Il y a quelques années, ces enfants qui allaient plus lentement que les autres, et qui avaient besoin d'un traitement spécifique, se retrouvaient dans des classes de perfectionnement. Puis on a ouvert les Clis (classes pour l'inclusion scolaire), ce qui était une bonne initiative pour les élèves handicapés... Mais dans le même temps, on a fermé les classes de perfectionnement, comme si un handicap chassait l'autre ! Nous avons donc accueilli les élèves des classes de perfectionnement dans nos classes. Et d'un accompagnement en groupes de douze avec une maîtresse spécialisée, ces enfants sont passés à quarante-cinq minutes d'aide par jour (au mieux) en classe d'adaptation. En 2008, nouveau changement : la moitié des postes de Rased (réseau d'aide spécialisée aux enfants en difficulté) sont supprimés. Ces heures de classe adaptée disparaissent. Elles sont honteusement remplacées par deux heures d'aide par semaine, soit une demi-heure par jour. Personne n'a réagi car le ministère accompagnait cette mesure de la disparition de la classe le samedi matin. Les enfants en difficulté sont fatigables ? Faisons-les travailler deux heures de plus par semaine, avec des enseignants sans formation spécifique. Le reste du temps, ils seront dépassés mais "C'est déjà bien, non ?" Comment avons-nous pu accepter cela ?

Le constat, aujourd'hui, est simple : des enfants auraient besoin d'un enseignement différencié, des enfants handicapés auraient besoin d'une AVS (auxiliaire de vie scolaire)..., mais faute de moyens, et parce que les enfants les plus jeunes (en âge d'aller en maternelle) ne sont pas encore orientés en IME (institut médico-éducatif) ou en Clis, ces enfants se retrouvent dans des classes standard, avec des enseignants non formés, dans un groupe dont l'effectif n'est pas allégé parce qu'il y a 2, 3 ou 4 élèves en grande difficulté qui vont absorber l'attention de l'enseignant. À 28 élèves, dont 3 en grande difficulté, comment individualiser ? On va me citer l'exemple de la Finlande, et de son taux de réussite exceptionnel... Je veux bien. Mais en Finlande, dès qu'un groupe dépasse 11 enfants, le ministère nomme un adulte de plus auprès d'eux. Dans le groupe classe, nous le savons tous : dès que nous tournons le dos, l'enfant inquiet se fait remarquer. Pas par mauvais esprit, mais parce qu'il se sent abandonné. C'est une des chances que j'ai dans mon école. Grâce à la présence des deux stagiaires, je dispose d'un luxe formidable : je peux m'occuper d'un enfant en difficulté car il y a toujours dans ma classe une autre enseignante disponible, si besoin. Même si les enfants de mon groupe ne vont pas la voir, ils savent qu'elle est là ; donc, ils restent calmes. Je peux rentrer chez moi sans me sentir coupable d'avoir négligé un enfant qui aurait eu besoin de moi. Dans le système classique, malgré ma bonne volonté, je ne parvenais pas à m'occuper suffisamment des enfants en difficulté. Il m'est même arrivé de rentrer chez moi le soir et de me demander si X était là ce jour-là: il se faisait si facilement oublier que je ne l'avais pas vu. Beaucoup d'enseignants souffrent de ce sentiment de culpabilité et d'impuissance.

Voilà donc la situation: pour des raisons économiques, parce que le ministère de la Santé a "transféré" la gestion des enfants en difficulté dont il s'occupait (à l'époque où ils étaient en IME) au ministère de l'Éducation, ces enfants se retrouvent dans des classes standard, avec des AVS souvent de bonne volonté mais pas assez nombreuses et non formées. C'est un vrai scandale... dont on voudrait quelquefois faire porter la responsabilité aux enseignants, en pointant leur mauvaise volonté à s'occuper d'enfants qui n'apprennent pas comme les autres. Citons un cas extrême mais réel: que faire avec un enfant de CP psychotique, qui absorbe l'attention de l'enseignant à chaque instant? Que faire, lorsque cet enfant s'échappe dans le couloir et que l'enseignant doit le poursuivre, laissant 27 élèves sans surveillance? Pense-t-on au reste de la classe? Comment ces enfants vont-ils aimer l'école quand l'enseignante, débordée en permanence, demandera un arrêt maladie car elle ne supportera plus de ne pas arriver à faire son travail? Qu'apprendront-ils cette année-là, qui sera le seul et unique CP de leur vie? Pas grand-chose, probablement. Et je ne suis pas sûre que dans ces conditions, ils auront appris quelque chose de positif sur la tolérance ou l'apprentissage de la différence.

Il est urgent d'accueillir des élèves en grande difficulté avec des enseignants spécialisés. Il est tout aussi urgent de donner aux enseignants les moyens de le faire correctement, en cessant de leur reprocher de ne pas vouloir accueillir le handicap. Un tel comportement est démagogique et irresponsable. La plupart des enseignants ont choisi ce métier pour s'occuper des élèves en difficulté..., pas pour en fabriquer.

Mon souhait le plus cher? À chaque fois que la MDPH (Maison départementale des personnes handicapées) le demande, il faudrait que tout enfant en grande difficulté dispose d'une AVS. Cette dernière devrait recevoir une formation solide, parce que son métier est exigeant et complexe; elle devrait aussi travailler sous un autre statut qu'en contrat aidé, qui l'oblige à quitter son poste au bout de deux ans, donc à partir au moment où elle se sent vraiment performante !

La qualité de l'accueil des enfants en grande difficulté est un point fondamental pour moi. Lorsqu'ils trouvent leur place dans le groupe, ces derniers sont une formidable source d'enrichissement. Je le mesure chaque jour à l'école ; ces enfants qui n'apprennent pas aussi vite que les autres ont l'art de nous ramener à l'essentiel, d'apporter un surplus d'humanité au groupe. Dans la relation à l'autre, ils sont toujours là "pour de vrai". Enfin, ils ont l'art de savoir se réjouir des choses simples ; c'est un talent très enrichissant pour tous. C'est surtout pour eux que j'ai conçu cette école. Sans eux, notre quotidien en classe ne serait pas tout à fait le même.

2. Des classes et des programmes surchargés

Quelle est la taille "idéale" d'une classe ? Difficile de savoir : tout dépend des individus qui la composent. Lorsque j'enseignais encore dans le privé, je me suis retrouvée une année avec 18 CM1. Habituée à des classes entre 25 et 29 élèves, cela me semblait la dimension idéale… J'ai vite déchanté. Cette année-là, tout ce que je proposais tombait à l'eau. Le groupe était très inhibé, une grande majorité d'élèves était en difficulté ; c'était à moi d'insuffler l'énergie pour les faire avancer. L'année suivante, j'avais 29 enfants dont la majorité réussissait. L'année fut facile et l'énergie au travail ne manquait pas. De toute ma carrière, je n'ai rencontré que deux fois des groupes difficiles à dynamiser. Mais pour être honnête, une classe à petit effectif est plus facile à faire réussir : je l'emmène au niveau le plus performant qu'elle peut atteindre. Quand j'ai moins d'élèves, je les connais mieux et je passe plus de temps à les aider : s'ils sont 25, je les interroge une fois toutes les vingt-cinq fois. S'ils sont 15, ils seront stimulés plus souvent ! C'est pour cela que je défends l'idée d'accueillir dans chaque classe un étudiant en formation à l'ESPE (l'ex-IUFM). La présence d'un adulte de plus offrirait la possibilité de travailler avec un petit groupe d'élèves en difficulté dans la journée, au fur et à mesure des apprentissages, sans laisser l'écart se creuser entre le groupe (ou l'élève) qui peine et le reste de la classe. De plus, cette formule permettrait de résoudre l'épineuse question des séances de remédiation, que l'enseignant a du mal à caser dans une journée classique.

La surcharge ne touche pas seulement la taille des classes ; les programmes, eux aussi, sont trop remplis. Résultat : les professeurs (du primaire au lycée) sont obligés de déverser le savoir en enchaînant les cours frontaux. Tout le monde sait pourtant qu'ils sont peu efficaces en matière d'apprentissage. Si l'enseignant donne aux élèves les outils pour faire un exercice de français ou de maths, ces derniers vont apprendre par imitation et l'assimiler. Mais si le cours va trop vite, ils ne sauront pas vraiment à quoi ce nouvel outil leur sert. Comme ils n'auront pas le temps de donner du sens à cet apprentissage, ils ne parviendront pas à le réutiliser dans un autre contexte. On le voit bien avec des élèves qui connaissent par exemple les techniques opératoires mais ne savent pas quelle opération choisir face à un problème de maths. Il est donc important d'alléger les contenus pour que les bases soient mieux acquises et que les élèves aillent tous aussi haut et aussi loin que leur intelligence le leur permet. Il n'est pas question de tirer l'enseignement par le bas, plutôt de le qualifier. Il vaut mieux privilégier la qualité que la quantité.

3. L'école et la tentation du "non-sco"

Pour des raisons idéologiques ou parce que la santé de l'enfant l'exige, des familles choisissent de ne pas scolariser leur enfant; elles font l'école à la maison. Refuser les contraintes inhérentes au groupe ou au système scolaire est un choix personnel que je ne discute pas. De nombreux parents l'ont fait pour de bonnes raisons : l'enseignant dont dépendait leur enfant était réputé pour son manque de qualité relationnelle, ou ils redoutaient que leurs enfants souffrent d'être humiliés comme eux-mêmes l'avaient été, ou pour d'autres raisons. Mais j'aime trop l'école pour ne pas en voir, d'abord, les avantages ! En restant à la maison, l'enfant fréquente des familles que ses parents ont choisies, donc dotées d'enfants qui lui ressemblent un peu ou beaucoup. Mais ce que l'enfant gagne en cohérence (beaucoup partagent les mêmes valeurs), il le perd en diversité. De plus, l'enfant grandit, aussi, quand il n'est pas avec ses parents. Or, quand papa ou maman endosse le rôle d'enseignant, il y a peu d'espace pour ne pas être l'enfant de ses parents, mais un élève lambda.

Faire l'école à la maison permet de contourner les contraintes (et les lourdeurs) inhérentes au groupe. Mais le groupe classe, ce n'est pas pareil qu'un enfant tout seul. L'enfant travaillant seul ne sera pas parasité par des conflits qui pourraient l'opposer avec les copains, mais il perd aussi tout un pan de ce qu'il découvrirait en apprenant à côté de 20 autres élèves : la possibilité de s'enrichir de la pensée de l'autre, la possibilité d'apprendre la coopération, la capacité de gérer sa frustration quand la majorité a décidé autre chose que ce qu'il désirait, la capacité à apprendre à attendre (que ce soit son tour, que les autres aient fini pour donner la réponse, que ce soit l'heure de la récréation), la capacité d'apprendre à vivre en société une première approche de la citoyenneté. Je pense comme Philippe Meirieu que l'école a une fonction d'apprentissage de la vie sociale, et qu'elle est aussi un espace de résilience pour certains enfants.

4. Parce que l'époque a changé…

Je rencontre régulièrement des enseignants qui se demandent si les enfants d'il y a trente ans n'écoutaient pas davantage que ceux d'aujourd'hui. Je n'en suis pas persuadée… Je dirais plutôt que les enfants d'avant n'avaient pas le droit de montrer qu'ils n'écoutaient pas. Ils avaient appris à faire poliment semblant de suivre en classe ; ils évitaient de bayer aux corneilles sous les yeux de l'enseignant mais cela ne les empêchait pas d'être dans la lune, de s'envoyer des petits mots ou de crayonner dans leur cahier de brouillon. Pour moi, le cours frontal (90 % de ce qui se passe dans une classe) ne marche vraiment que si l'élève a une motivation personnelle. Sinon, si le cours ne l'emballe pas, il va décrocher.

Les élèves d'aujourd'hui ne dissimulent plus qu'ils s'ennuient. Ils le manifestent parfois même de façon impolie. Cela peut donner, en retour, de l'agressivité de la part de l'enseignant, déstabilisé d'être aussi clairement remis en cause. Il n'y a pas à s'en plaindre ou à regretter le temps passé : c'est ainsi. Face à ces élèves différents, l'enseignant doit faire preuve d'inventivité pédagogique. Car les enfants d'aujourd'hui sont aussi devenus plus exigeants sur le contenu. Avec eux, on ne peut plus se contenter de ce que j'appelle la pédagogie de la devinette : leur montrer un objet et leur demander à quoi ça sert, leur faire deviner la fin d'une phrase ou d'un mot. Ils savent plus de choses mais pour autant, ils ne font pas plus de lien et ne sont pas plus en avance. La maturité est la même en primaire qu'auparavant.

5. … Et les enfants aussi

Des enfants en manque d'expérimentation

De nombreux orthophonistes ou kinésithérapeutes s'inquiètent de devoir rééduquer des enfants qui n'ont pas de problèmes moteurs mais qui souffrent… de manque d'expérimentation. "La fonction crée l'organe", disait-on pendant mes études. Un orthodontiste m'expliquait ainsi qu'il soignait des enfants de plus en plus jeunes : comme ils mangeaient trop mou, leur gencive travaillait peu… et ne "tenait" plus leurs dents. De mon côté, je constate avec inquiétude que de nombreux enfants, spécialement avant 7 ans, se servent très peu de leur corps. Beaucoup de parents se sont en effet laissés séduire par les écrans et tablettes pour occuper leurs enfants. Il suffit d'observer un repas familial au restaurant : fini le temps où les enfants s'agitaient. Désormais, chacun pianote sur son portable ou sa DS. Les enfants ne bronchent plus, les adultes peuvent discuter tranquillement. Enfants et adolescents sont si absorbés par leurs écrans que les parents pensent disposer d'un baby-sitter idéal ou d'un outil sécure ("Mon ado ne traîne pas dehors à faire on ne sait quoi"), qui occupe et éveille en même temps.

J'ai peur qu'à terme, nous payions cher cette fausse tranquillité. Bien sûr, l'écran fait consensus et ce d'autant plus que le parent lui-même a quelquefois un rapport addictif avec le sien. Mais tous les apprentissages que l'enfant ne fait pas avec son corps (courir, grimper à un arbre, imaginer, construire, expérimenter, trier du sable, descendre et remonter du toboggan, etc.) vont lui manquer plus tard. Ces expériences-là apportent quelque chose que des photos prises avec sa tablette ou des heures de jeu sur un écran ne compenseront jamais parce qu'elles ne sont pas du même ordre. Un exemple ? Les anniversaires. Il n'y a pas si longtemps, 15 enfants arrivaient à s'occuper une après-midi entière avec une course au trésor et quelques jeux. Aujourd'hui, habitués à être captés par un écran, ils s'ennuient vite. Pourtant, les jeux libres, dont l'enfant invente si besoin les règles, mobilisent sa créativité et son corps et l'enrichissent. Je le mesure chaque jour en observant les enfants fabriquer des cabanes sous les arbres dans la cour de récréation et y inventer des jeux développant l'imaginaire.

Courir, bouger, inventer un jeu : cela paraît de vieilles recettes ? Les enfants ont besoin de ces activités basiques pour remplir leur besace de connaissances qui leur permettront, ensuite, de ne pas être démunis devant des savoirs plus abstraits abordés à l'école. En cela, je me demande si les enfants vivant ailleurs qu'en ville, qui disposent d'un jardin et/ou d'espace, ne sont pas avantagés. En ville, beaucoup de loisirs coûtent de l'argent (cinéma, musée, etc.) ou demandent l'accompagnement du parent. Ce n'est pas le cas lorsqu'on vit davantage dans la nature ou (au moins) en disposant d'un jardin.

L'école, le savoir et l'écran

De nombreux experts soulignent que l'école n'a plus le monopole du savoir, que le développement des cours en ligne permet à chacun d'acquérir n'importe quel savoir, suivi par une poignée de passionnés ou des millions d'étudiants dans le même temps. Ce point de vue me laisse perplexe. Bien sûr, cette nouvelle génération peut trouver sur Internet de quoi développer sans fin ses savoirs. Mais nous aurions pu dire la même chose des livres ; j'aurais beau m'installer au milieu de la Bibliothèque nationale de France, je ne serais pas plus cultivée pour autant ! Et surtout, le savoir n'est pas la connaissance... L'école doit apprendre aux enfants à se servir de ce nouvel accès au savoir : apprendre à trier, vérifier, hiérarchiser, analyser l'information, observer, prendre du recul face au monde de l'image.

6. Idées fausses sur l'école alternative

Il y a une grande diversité d'écoles "alternatives". Ce mot fourre-tout englobe des réalités très diverses, dont je me sens proche ou au contraire très loin.

L'enfant choisit son savoir

Certaines écoles alternatives laissent à l'enfant la liberté de choisir ce qu'il veut apprendre. À l'école du Colibri, nous avons pris l'option d'apprendre la coopération aux enfants car dans le monde qui se profile, avec une population mondiale en expansion et des ressources limitées, il faut apprendre à faire ensemble. Et nous avons choisi la pédagogie de la coopération, car en échangeant leurs stratégies mentales, les enfants intègrent leur savoir et le transforment en connaissance. Cela implique que le groupe classe apprenne la même chose en même temps.

Par ailleurs, je ne partage pas le point de vue de certains pédagogues qui partent du principe que l'enfant doit choisir ce qu'il fait car sans cette liberté, il n'y aura pas de plaisir à apprendre. Sur cette question, il faut faire une distinction entre les enfants de maternelle et ceux de primaire : jusqu'à 6-7 ans, il faut en effet laisser les enfants aborder les apprentissages librement, sans oublier de les proposer à ceux qui ont besoin d'être stimulés. En école élémentaire, la coopération peut commencer. La pédagogie où l'enfant est libre d'apprendre dans l'ordre de son choix ne convient donc pas à ce travail en groupe.

L'enfant sait ce qui est bon pour lui

C'est souvent en se basant sur ce principe que certaines écoles alternatives laissent la liberté à l'enfant de décider du programme de sa journée ou de son année. Je ne suis pas convaincue que l'enfant sache, d'emblée, ce qui est bon pour lui. Il sait ce qui lui fait plaisir, ce dont il a envie, mais pas forcément ce dont il a besoin. En outre, l'enfant ne peut pas savoir ce dont il aura besoin, adulte : il ne l'a pas encore été ! À mon avis, il y a confusion entre deux stades : avant 6 ans, il faut en effet respecter les périodes sensibles de l'enfant. Mais après 7 ans, celui-ci peut être davantage guidé sans en souffrir. Je constate souvent qu'il découvre avec plaisir des apprentissages qu'il ne soupçonnait pas qu'il aimerait.

L'enfant apprend sans faire d'effort

Cette formule, fréquemment entendue, en sous-entend une autre : si l'enfant doit faire des efforts, c'est que la méthode employée n'est pas bonne. C'est une erreur d'appréciation sur le sens du mot effort. Je ne connais pas beaucoup de champions qui courent naturellement le 100 mètres en moins de dix secondes, ou qui sautent 6 mètres avec leur perche sans passer des heures à s'entraîner au stade. Pour certains, faire un effort serait synonyme d'être laborieux dans ses apprentissages. L'effort devrait être considéré comme l'inverse : la capacité de donner le meilleur de soi et de progresser, pour pouvoir être fier de soi. Les enfants le savent bien, ils aiment réussir quelque chose de difficile car cela accroît leur estime d'eux-mêmes et les rend heureux.

III

COMMENT APPREND-ON ?

1. Pour apprendre, de quelle méthode dispose-t-on ?

Par imitation

C'est l'apprentissage de base. Quand un enfant vient au monde, il grandit et se développe en imitant son entourage. Il sourit quand on lui sourit, il copie les mimiques de ses parents. Un peu plus tard, il apprend à faire ses lacets en regardant le geste de l'adulte qui lui montre comment faire. Pour qu'il intègre ce nouvel apprentissage, il va le répéter dix fois, vingt fois, cinquante fois s'il le faut. Puis il passera à un nouveau geste à acquérir. Ce principe d'imitation marche très bien avec les premiers apprentissages. En revanche, arrivé à l'école, lorsque l'enfant se retrouve devant une leçon de calcul mental, il aura du mal à copier quelque chose... qui ne se voit pas. Imiter le copain qui fait du calcul mental dans sa tête, ce n'est pas très productif ! D'ailleurs, je suis convaincue qu'une grande partie de l'échec scolaire vient de ce quiproquo : beaucoup d'élèves continuent d'imiter leurs pairs mais ils n'ont pas compris que celui qu'ils imitaient faisait quelque chose qui ne se voit pas dans sa tête. En réunion avec les parents, je leur dis : "Je vais vous imiter quelqu'un qui fait du calcul mental" ; je fronce les sourcils, je regarde le plafond, je me concentre en me tenant le menton. En classe, je vois bien que certains copient cette posture et s'arrêtent là. Il faut leur expliquer qu'en fait, si le copain trouve la réponse et pas eux, c'est qu'il a fait quelque chose dans sa tête. Cela les rassure, car ils trouvaient injuste que certains élèves trouvent les réponses et eux, aucune.

Lorsque les élèves s'échangent leur stratégie mentale, le chemin qu'ils ont pris pour résoudre leur enquête de maths ou leur exercice de français, là aussi, ils imitent. Mais cette fois, ils imitent une technique, un raisonnement. Ils empruntent un bout du chemin que le copain a pris, et vont le rajouter à leur raisonnement. Ils imitent donc, mais ils s'enrichissent puisqu'ils interprètent ce qu'explique le copain et l'intègrent à leur façon d'apprendre, en faisant leurs propres connexions.

Par essai/erreur

Cela devrait être le premier pas vers le savoir : l'enfant essaie, se trompe, puis recommence autrement, en empruntant éventuellement un autre chemin. L'erreur devrait donc servir à progresser. C'est le mode d'apprentissage que l'enfant utilise d'ailleurs dans l'imitation, il refait jusqu'à réussir la tâche. Mais l'erreur est souvent mal interprétée. Lorsqu'un enfant se trompe, il se dit facilement : "Je suis nul, je n'y arrive pas, mes copains vont le voir", alors qu'il serait plus juste qu'il se dise : "Je me suis trompé... C'est normal puisque je suis en train d'apprendre. Pourquoi est-ce que je n'y arrive pas ? Comment pourrais-je procéder autrement ?" L'enfant doit donc oser demander. C'est sa responsabilité et c'est là qu'il a besoin d'un climat de classe favorisant cette démarche. L'enseignant a la responsabilité d'instaurer cette culture de l'erreur en se l'appliquant d'abord à lui-même. Par imitation, les enfants la reproduiront ensuite plus facilement. Il faudra ensuite mettre en valeur l'élève afin que le regard de ses pairs ne soit pas dans le jugement. C'est un équilibre subtil mais très porteur car l'enseignant ne peut aider l'élève que si celui-ci reconnaît qu'il s'est trompé et demande de l'aide en reformulant sa démarche intellectuelle. L'enseignant doit aussi veiller à garder sa neutralité devant l'erreur afin que l'enfant ne décèle pas son erreur sur son visage ou dans le ton de sa voix. La neutralité de l'adulte oblige l'élève à réfléchir et à donner du sens à son erreur ; ainsi, il ne la refera plus et elle lui aura appris quelque chose. Sinon, l'enfant risque d'être pris dans une recherche d'indications d'ordre plus affectif, où il cherche à satisfaire l'enseignant en trouvant la bonne réponse au lieu de le faire pour lui-même. En guettant l'approbation de celui-ci, il est encombré par l'affectif et perd de vue l'objectif premier de l'exercice qu'il est en train de faire : acquérir un nouvel apprentissage et non prouver à son maître qu'il est bon enseignant ou que cet élève l'aime beaucoup puisqu'il s'est appliqué. Cette neutralité exige de l'adulte une attention particulière. Par exemple, je corrige du calcul mental en classe ; pour gagner du temps, quand un élève a juste, j'enchaîne avec l'élève suivant. Sans y prendre garde, je ne demande les stratégies suivies que lorsqu'un élève se trompe. L'enfant interrogé sur sa stratégie comprend intuitivement qu'il s'est trompé et change de raisonnement pour essayer de trouver la bonne réponse. Agissant ainsi, il ne met pas au jour son erreur. Je m'efforce donc d'interroger de temps en temps l'enfant qui a juste sur la stratégie qu'il a adoptée. Cette neutralité est très difficile avec les apprentissages où la réponse est binaire, c'est-à-dire oui ou non! Je me souviens d'un enfant n'arrivant pas à comprendre en CP la question "Entends-tu tel son dans tel mot?" Nous étions déjà en décembre et il répondait oui ou non sans comprendre. Un jour, je lui repose la question: "Dis-moi un mot qui chante [i]", il me répond: ouistiti. Je reste neutre et en demande un autre, il réussit, je continue, il réussit encore, je continue, il réussit toujours, je quitte ma neutralité et m'enthousiasme, pensant qu'il avait enfin compris. Mais je continue, et là il se trompe... J'observe alors qu'il ne disait que des noms d'animaux (les trois premiers contenant par hasard le son [i]) ; c'était cela son entrée et non ma demande. Cette posture de neutralité demande beaucoup d'entraînement et une grande capacité d'écoute.

Par recherche individuelle

Lorsqu'un enfant prépare un exposé, c'est exactement la démarche qu'il emprunte. Il va chercher des informations, sélectionne celles qui l'intéressent puis prépare une synthèse de sa récolte pour la présenter à d'autres élèves qui ignorent tout ou partie du sujet.

Seul bémol à cette méthode: elle demande une motivation personnelle. Sinon, l'enfant a vite fait de se décourager devant la masse d'informations qu'il trouve ou au moment d'en faire la synthèse.

Par écoute d'un spécialiste: le cours magistral/frontal

Nous avons tous fait l'expérience du plaisir ressenti lorsque nous écoutons un spécialiste nous présenter un sujet qui nous intéresse. Pour peu que l'orateur soit bon, nous buvons ses paroles et nous ressortons de la conférence à la fois réjouis et enrichis d'un nouveau savoir. Ça, c'est la version positive du cours magistral... Elle repose sur deux conditions essentielles: nous devons être motivés par le sujet et l'orateur doit savoir captiver ses auditeurs et être pointu sur son sujet.

Or, ces deux conditions ne sont pas toujours réunies ! Nous l'avons sûrement expérimenté un jour. Si l'orateur lit ses fiches ou si son débit est monocorde, nous allons décrocher, nous ennuyer, consulter notre agenda, rêvasser ou discuter avec notre voisin. Si le déroulé de l'exposé n'est pas clair, le mental s'accroche pour deviner le projet de l'orateur et déçu ou agacé, il décroche !

À l'école, il se passe la même chose, souvent de façon plus marquée que dans un cours magistral, d'abord parce que les élèves ne choisissent pas leur apprentissage ; ils ne sont pas forcément motivés par la leçon sur le COD ou sur les fractions. Et surtout, ils expriment plus franchement ce qu'ils ressentent. S'ils s'ennuient, certains n'hésitent pas à bâiller, ce que nous, adultes, avons parfois quelques scrupules à faire parce que nous sommes plus "civilisés".

L'autre limite du cours frontal, c'est qu'il fait travailler très activement celui qui se trouve au tableau et qui livre son savoir à des élèves censés l'écouter. Mais que font les élèves, justement, à l'autre bout de la chaîne du savoir ? Ils écoutent peut-être, ou peut-être pas. Ou alors, ils prennent des notes, vont apprendre leur leçon par cœur mais l'oublieront aussi vite qu'ils l'ont apprise. Ce savoir volatil, qui ne s'est pas imprimé profondément chez l'élève, je l'observe régulièrement chez les étudiants en master 2 que j'accueille en stage chaque année à l'école. Depuis que l'école est ouverte, j'ai vu défiler des garçons et des filles, tout juste sortis des bancs de l'université. Ce ne sont pas des étudiants en échec scolaire puisqu'ils sont arrivés avec succès au niveau master (bac + 5). Mais ils sont nombreux à avoir l'impression de ne rien avoir retenu de leurs années d'école. Et je les trouve, en effet, assez peu dotés en matière de culture générale. Je me souviens d'une stagiaire de master 2 ; en classe, nous préparions ensemble la prochaine leçon d'histoire. La sentant mal à l'aise, je lui demande : "Tu t'en souviens quand même un peu, des Gaulois et des Romains ?" "Non, je ne me souviens de rien. J'ai l'impression de n'avoir rien appris. J'ai travaillé bêtement : j'ai ingurgité par cœur des leçons que j'ai su restituer. Mais en fait, je ne sais rien." Ce n'est pas de sa faute: le type d'apprentissage qu'on lui a demandé (le par cœur avec restitution à court terme) fait travailler une mémoire qui n'est pas efficace à long terme puisqu'elle n'oblige pas l'apprenant à faire du sens en faisant des liens avec d'autres savoirs acquis antérieurement. Donc, ne s'accrochant à rien, les connaissances s'effacent.

Il y a des matières où il est difficile de se passer du cours frontal, en histoire, par exemple. Mais plus le programme est chargé et oblige à ne faire passer le savoir que par du frontal, plus les élèves risquent de retenir superficiellement et d'oublier bien vite ce qu'ils ont appris. C'est un des soucis majeurs rencontrés en collège et lycée. Le programme est si chargé qu'il oblige les professeurs à le dérouler sans vérifier si les élèves ont eu le temps de faire des connexions entre ce nouveau savoir et ce qu'ils savaient déjà. Une amie, professeur d'histoire-géographie en terminale, se désolait de ce programme si rempli. Elle était obligée de tout aborder en classe au cas où ses élèves tomberaient sur ce chapitre le jour du bac. Donc ces derniers bachotaient. Un travail (peut-être) efficace pour obtenir son baccalauréat mais qui ne permet pas de donner du sens à ce qu'ils apprennent: "Au final, concluait cette amie, j'aurais beaucoup travaillé en frontal, mes élèves n'en auront pas retenu grand-chose. Et ni eux ni moi ne garderons un bon souvenir de ces cours." La compétence qu'ils auront acquise ("Je sais apprendre par cœur et réciter") ne leur servira pas beaucoup dans leur vie future.

Le plus grave? Ce modèle scolaire donne l'illusion aux élèves qu'ils sont bons en classe. C'est ce que remarquait la stagiaire citée plus haut: "On m'a donné l'illusion que j'étais forte mais en fait, je suis un âne, j'apprends bêtement." J'ai eu beau lui répondre qu'elle avait fait preuve d'intelligence d'avoir appris ainsi, en s'adaptant à la demande de l'école, je ne l'ai pas rassurée. Mais au fond, quelle énergie dépensée pour ne rien retenir de ces années d'école... Sans compter que cette découverte est une sacrée déception, sur le plan de l'estime de soi.

Par expérimentation

La meilleure illustration de cette méthode ? C'est la méthode de *La Main à la pâte*, lancée par Georges Charpak. Ce physicien a remis la science à l'honneur en école primaire en proposant aux élèves les principes de base d'une démarche scientifique : observer, formuler une hypothèse à l'aide de questions, faire des expériences qui permettent de valider ou d'invalider l'hypothèse ; formuler le nouveau savoir. Il faut également, en parallèle, avoir identifié l'état de son savoir sur le sujet avant l'expérimentation, pour pouvoir ensuite le revisiter et ôter de sa tête cet ancien savoir, qui va être remplacé par la connaissance fraîchement acquise.

Par l'explication à l'autre

C'est ce qu'on appelle le conflit sociocognitif (la base de la pédagogie institutionnelle). Son principe ? L'élève cherche d'abord seul la solution à l'exercice qu'il effectue. Puis il se regroupe avec deux ou trois élèves et chacun explique comment il est arrivé au résultat final. Peu importe si l'élève a obtenu ou non le bon résultat ; l'essentiel est qu'il décrive la démarche suivie… parfois consciemment, parfois très intuitivement. La reformulation l'oblige à mettre en mots sa stratégie et lui permet de l'intégrer.

2. Que constate-t-on sur le terrain ?

En classe, ces méthodes sont complémentaires. Elles ont toutes leurs avantages, selon la matière enseignée ainsi que le temps et le matériel dont on dispose. On l'a vu, il y a des matières comme l'histoire où le cours frontal a sa place ; et d'autres, comme les sciences, qui se prêtent bien à l'expérimentation. La dernière méthode, le conflit sociocognitif, est particulièrement efficace car elle oblige l'élève à être acteur dans sa recherche et dans son questionnement. Obligé de mettre en parole le fil de sa pensée, il "conscientise" sa façon de procéder et de ce fait, il apprend beaucoup.

Et pourtant, cette méthode est un peu boudée par les enseignants, alors même que c'est celle qui est enseignée en formation d'enseignant et dont les professeurs reconnaissent la performance, notamment sur la mémorisation des connaissances à long terme. Les enseignants appliquent peu cette méthode pour deux raisons principales : d'abord, les élèves échangent des réponses et non leur stratégie mentale. Or, comparer les résultats n'apporte pas grand-chose aux élèves, si ce n'est que certains trouvent le même résultat et d'autres, non. De plus, le travail en petits groupes génère du bruit et des conflits. Le travail de l'enseignant consiste alors à rendre ce travail possible en l'organisant (chuchoter pour ne pas gêner les autres groupes, écrire correctement, ne pas interrompre un camarade qui explique sa stratégie mentale, etc.). Ne sachant pas gérer les conflits ou décidant qu'il y a suffisamment d'occasions de s'accrocher entre élèves pour éviter d'en rajouter, les enseignants préfèrent renoncer à cette méthode. D'autres n'en comprennent pas l'intérêt profond car ils ne savent pas comment on fait pour apprendre. Et comme la méthode leur paraît complexe à mettre en œuvre, ils remettent les élèves en travail individuel.

3. Apprendre à coopérer, une nécessité au XXIe siècle

Parallèlement, se pose la question de ce qui est utile d'apprendre pour demain : sur une planète finie qui a un nombre d'habitants chaque jour plus important, il sera utile de savoir coopérer, d'être solidaire et de prendre en compte les autres. Pour répondre à cet objectif, l'école du Colibri se propose d'apprendre la gestion mentale aux élèves pour qu'ils bénéficient de la richesse du conflit sociocognitif en évitant ses pièges ; ensuite, de mettre sur pied des ateliers philo, d'éducation à la paix et à la citoyenneté pour que les élèves apprennent à prendre leur place dans le groupe et à gérer les inévitables tensions de la vie à plusieurs. Comme ils s'articulent tous ensemble, voici ces grands thèmes brièvement exposés ici. Mais un chapitre entier est consacré à chaque item, dans les pages qui vont suivre...

La gestion mentale

L'objectif de cette méthode est d'apprendre à l'enfant comment il apprend ; identifier ses chemins de connaissance, comment il raisonne, à quel moment il peut se tromper et pourquoi. Il comprend, en confrontant sa stratégie mentale à celle des autres élèves, qu'il existe autant de routes pour faire entrer le savoir dans les têtes que d'individus. Il voit aussi qu'avec certains élèves, il échange facilement et comprend bien leur stratégie mentale alors qu'avec d'autres, il a plus de mal.

L'éducation à la paix et à la citoyenneté

L'enjeu numéro 1 visé ici, c'est d'apprendre aux enfants une chose qu'ils ne découvrent pas de la même façon à la maison : le vivre ensemble. Une vie collective à 35 enfants dans le même lieu engendre des agacements, des tensions et oblige à des compromis. Ces frottements sont inévitables. L'enfant a besoin d'outils pour apprendre à gérer ces conflits, à prendre sa place dans le groupe sans ignorer ses voisins et sans se faire écraser par eux. Il découvre comment on fait pour trouver une règle qui convienne à tout le monde. Il va aussi identifier ses émotions, savoir quoi en faire quand elles surgissent. De plus, parce qu'il n'est pas qu'une machine à faire du français et des maths, il va identifier ses autres qualités, moins reconnues "académiquement" mais tout aussi précieuses : intelligence naturaliste, interpersonnelle, musicale, etc.

Enfin, il a besoin d'apprendre à coopérer pour pouvoir tirer profit du conflit sociocognitif et échanger ses stratégies mentales efficacement, sans se laisser déborder par les conflits que génère cette pratique.

L'atelier philo

Le principe de l'atelier philo ? Apprendre à argumenter, à construire sa pensée pour la faire partager aux autres. Ici, les enfants apprennent l'art du dialogue, de l'écoute, de la "dispute" au sens étymologique du terme (qui signifie "débattre"), contrairement à l'atelier de vivre ensemble, où ils découvrent plutôt l'art du compromis.

Grâce à cette pédagogie comprenant des temps où chaque élève prend sa place, négocie, trouve un compromis avec les autres pour élaborer une solution qui sera la plus acceptable pour tous, le groupe mesure comment fonctionne une démocratie miniature comme notre école. Chaque enfant découvre combien il est facile d'exprimer son désaccord, d'être contre le désir du plus grand nombre mais combien il est complexe de proposer. Nous devons alors apprendre à certains élèves à transformer l'énergie qu'ils mettent à s'opposer aux décisions collectives... en énergie positive. La démarche n'est pas simple, car elle oblige à s'exposer, prendre des risques, se responsabiliser. Mais c'est un apprentissage essentiel de la vie en collectivité et de son rôle de citoyen.

Enfin, ces ateliers philo et d'éducation à la paix "désencombrent" l'enfant : il sait qu'il a ces deux temps dans la semaine pour parler de ce qui le chagrine ou le tracasse à l'école sur le plan relationnel. Il peut donc se concentrer sur ses apprentissages, sans se laisser parasiter par des tensions affectives. Nous observons à l'école que lorsque les élèves travaillent, ils sont une ruche bourdonnante : ils sont efficaces car non parasités par des rancœurs non résolues.

IV

LA PÉDAGOGIE DU COLIBRI : GESTION MENTALE ET ÉCHANGE DE STRATÉGIE MENTALE

1. Apprendre à apprendre

L'école demande à l'élève de comprendre, d'apprendre, de retenir..., mais ne lui délivre pas forcément le mode d'emploi pour savoir faire marcher son cerveau et sa mémoire. Tout le monde sait faire fonctionner son cerveau, suppose-t-on, comme s'il s'agissait d'un apprentissage inné. Après des années d'expérience, je pense que pour beaucoup d'enfants, l'entrée dans les apprentissages intellectuels demande un accompagnement, et que c'est même la mission de l'école primaire : apprendre aux enfants comment on fait pour apprendre. Ces derniers vont gagner en efficacité, en estime de soi, en connaissance d'eux-mêmes. Ce savoir leur servira toute leur vie, pas seulement en classe.

Je n'ai rien inventé de ce qui suit ; je suis allée piocher les savoirs qui me semblaient utiles auprès de plusieurs pédagogues. Ma démarche en classe s'inspire beaucoup des travaux d'Antoine de La Garanderie, le fondateur de la gestion mentale. Ce pédagogue qui vécut au siècle dernier s'est beaucoup intéressé à ce que faisaient les élèves qui réussissaient en classe pour être si performants. Il fut l'un des premiers à décomposer ce qui se passe dans notre tête lorsque nous apprenons. Je devrais préciser que je m'inspire "librement" de la gestion mentale car j'ai gardé ce qui me parlait, me semblait facile à exploiter en classe. Combinée au conflit sociocognitif, la gestion mentale constitue le socle pédagogique de ce que j'enseigne à l'école...

2. Les principes de base de la gestion mentale à l'école

Première étape, la "réserve" de savoirs de l'enfant

Nous n'apprenons jamais à partir de rien. Tout nouveau savoir doit reposer sur un socle ; sans quoi, la "greffe" ne prend pas : le nouveau savoir ne s'imprime pas en nous. Les premières années de la vie du tout-petit sont importantes pour constituer ce socle de base sur lequel les nouveaux savoirs, comme des briques, vont s'empiler. Au départ, le petit enfant a peu de matériaux mais ses expériences lui permettent d'accumuler des connaissances. Il regarde des imagiers, engrange du vocabulaire, fait des expériences dedans, dehors, avec ses mains, son corps, ses cinq sens, chante, écoute des histoires qui font peur et qui font rire, s'amuse avec quelqu'un qui lui fait les marionnettes, etc. Dès qu'il se trouve face à quelque chose qu'il ne connaît pas, l'enfant pioche dans sa besace de repères pour relier ce nouveau savoir à quelque chose qu'il a déjà acquis. Imaginons qu'il découvre un album d'Elmer, l'éléphant multicolore que connaissent bien les petits. Il fera intuitivement des liens entre les couleurs qu'il connaît déjà, les formes et les mots qui s'y rapportent. C'est le "tissage" entre ce qu'il sait déjà et ce qu'il découvre qui permet d'ancrer un apprentissage, quel qu'il soit. Plus le socle de base est large, plus il y a de connexions possibles et plus l'enfant est capable d'apprendre. Il analyse, compare, évalue ce savoir et un autre, plus ancien ; il range ces nouvelles informations à côté d'autres, qui lui sont liées. Mais si le socle de base n'est pas solide ou trop étroit (parce que trop pauvre), l'enfant ne peut pas tisser de nouvelles connexions... Aucun nouveau maillage ne se fait, donc il n'apprend pas. Au préalable de tout apprentissage, se trouve donc ce socle de connaissances, le plus riche possible.

C'est un long travail de proprioception que l'enfant mène avec tout son corps dès la première année, d'où la nécessité de le laisser jouer librement et dans la nature qui est une source de découvertes et d'entraînement de la psychomotricité intarissable. Un enfant de moins de 7 ans n'a d'après moi pas le temps de jouer sur les tablettes, il a trop d'informations à prendre avec son corps. "Faites bouger vos enfants !", conseillerais-je aux parents. C'est un point important qui me préoccupe : comment ferons-nous pour faire entrer les enfants de primaire dans les apprentissages plus abstraits si cette banque de données sensorielles et corporelles est en partie incomplète ? Je ne crois pas que les connexions développées par une tablette remplacent ce travail kinesthésique. De plus, l'enfant doit avoir des espaces vides pour avoir le temps de laisser son imaginaire se développer, pour rêver. C'est à partir de ces espaces que plus tard, il pourra créer ses propres connexions et intégrer les savoirs pour en faire de nouvelles connaissances.

Décomposer le geste mental

Que se passe-t-il en nous lorsque nous devons retenir quelque chose ? Pour beaucoup, c'est un grand mystère. Ils ne comprennent pas bien le mécanisme en jeu. C'est ce sur quoi Antoine de La Garanderie a travaillé. Pour apprendre, nous accomplissons dans notre tête des gestes mentaux dont nous avons peu conscience, qui varient d'une personne à l'autre. Ces gestes mentaux, comparables à un geste technique pratiqué en tennis ou à ski, nous pouvons les décomposer et les répéter pour les améliorer. En identifiant étape par étape ce qui se passe dans notre tête lors d'un apprentissage, chacun prend conscience de ses points forts et de ce dont il a besoin pour être efficace. Petit exercice pour comprendre ce que signifie le geste mental : entraînons-nous à retenir un numéro de téléphone donné par quelqu'un à l'oral. Dans un cas, il faut répéter le numéro aussitôt. Puis dans l'autre cas, il s'agit de mémoriser le numéro et le restituer le lendemain. Il suffit de faire l'exercice pour percevoir que nous ne procédons pas de la même manière dans les deux cas. Dans le second cas, nous percevons bien que nous allons ranger ce numéro quelque part dans notre tête, pour être capables de nous en souvenir demain. Pour retenir un savoir, nous procédons en trois temps :

La perception

Nous percevons une information par nos cinq sens. À l'école, on utilise principalement les yeux, les oreilles et la kinesthésie (c'est-à-dire la prise d'informations par le corps, le tactile, le geste graphique, la manipulation et le corps émotionnel).

L'évocation

C'est le fait de faire exister mentalement l'information que nous venons de recevoir. Antoine de La Garanderie dit : "Évoquer, c'est faire exister ce qu'on a perçu en se le redonnant sous formes d'images mentales qui sont verbales, visuelles, auditives ou tactiles." Nous avons tous une voie d'apprentissage privilégiée, visuelle, auditive et/ou kinesthésique. Cela ne signifie pas que les autres ne servent pas, et qu'il ne faudrait plus s'en servir. Par exemple, je suis visuelle et kinesthésique. En classe, je fais des pauses pour laisser le temps aux élèves qui écrivent de finir leur phrase, j'écris beaucoup au tableau. C'est très utile pour l'enfant visuel (il a besoin de voir/lire ce qu'il doit apprendre) ou kinesthésique (il a besoin d'écrire pour mémoriser). Mais je me suis rendu compte que je ne répétais pas suffisamment souvent et que je ne laissais pas assez de temps de silence. N'étant pas auditive, je n'y pense pas naturellement. Je dois donc m'efforcer de me répéter et de faire des pauses pour l'élève auditif. Lui-même va répéter ce que je viens de dire ou le redire dans sa tête avec ses mots.

Il est difficile de percevoir comment son enfant apprend ; imaginons qu'il ait une liste de mots à apprendre. Nous pensons que notre façon d'apprendre est celle que tout le monde emploie. Donc, le parent visuel propose : "Écris ta liste de mots ; tu les apprendras en écrivant." Combien de parents ont incité leur lycéen à faire des fiches pour réviser son bac ? Ce conseil n'est valable que pour le visuel et le kinesthésique. Pour l'auditif, entendre le cours ou le relire à haute voix ou dans sa tête suffit. Au passage, le visuel et le kinesthésique sont avantagés au lycée : comme ils ont besoin de retraiter le cours pour le retenir, ils sont habitués à travailler… contrairement à l'auditif, qui apprend vite mais découvre tardivement, au lycée ou encore plus tard, qu'il faut travailler une fois sorti de classe ! Jusque-là, être attentif en cours lui suffisait pour enregistrer le cours.

La reformulation

Après avoir mémorisé un nouveau savoir, nous le reformulons avec nos propres mots ; ou alors, l'ayant compris, nous le réexpliquons à quelqu'un ; ou alors nous faisons de nouveaux liens entre ce savoir et des choses déjà connues. Pendant un apprentissage, toutes les 15 minutes par exemple, nous avons besoin de faire des connexions. Nous établissons des liens entre un savoir tout juste acquis et notre banque de données personnelles puis nous retournons dans l'apprentissage.

Il n'y a pas deux méthodes d'apprentissage identiques

Ces nouveaux liens sont spécifiques à chacun puisque notre pensée nous est propre. Par exemple, quand je regarde une vache, si je suis un boucher, j'évalue la qualité de la bête. Si je suis peintre, j'y vois matière à faire un tableau. Si je suis urbain, je la trouve bucolique. Si je suis vétérinaire, je me demande si elle est en bonne santé. Chacun voit le monde avec une focale qui lui est propre... J'en ai pris conscience en formation. L'animateur nous demande de mémoriser sept images et sept mots différents puis de détailler nos stratégies mentales. Écoutant mes collègues, j'ai réalisé qu'il existe autant de chemins que d'individus pour amener un savoir jusqu'au cerveau. Certains avaient inventé une petite histoire pour relier les mots entre eux, d'autres les avaient classés par famille, d'autres par ordre alphabétique. L'histoire suivante illustre bien cette diversité : un groupe d'aveugles rencontre un éléphant. L'un touche la patte ; un autre, l'oreille ; un troisième, la queue ; un quatrième, la trompe, etc. De retour chez eux, ils disent : "C'est poilu et petit", "Non, c'est dur et dense", "Non, c'est énorme", "Non, c'est long et mou." Ils ont tous perçu quelque chose qui leur était spécifique, et construit un raisonnement à partir de cette perception.

Quelquefois, il est difficile de mémoriser, car il y a du "brouillage" sur la ligne. C'est ce qu'identifient les neurosciences. Elles montrent que l'enfant présentant des troubles dyslexiques peut avoir un problème au moment de percevoir l'information. Ainsi, le dysphasique ne perçoit pas certains sons, le [a] par exemple. Il bloque devant un exercice dont la consigne est de repérer les mots contenant le son [a] : *ananas* n'évoque rien, pour lui. Pour cet enfant, l'entrée en lecture se fera par les yeux, pas par le son. D'autres fois, le brouillage n'a pas lieu au moment où l'information entre, mais lorsqu'il faut la reformuler : il saura par exemple par cœur ses terminaisons de conjugaison, saura les reformuler à l'oral et les utiliser correctement mais ne pourra pas les écrire.

Restituer son savoir pour mieux le comprendre

Quand je suis en train d'expliquer à l'autre ce que je fais pour réussir un exercice ou pour réussir dans un jeu, cela m'oblige à clarifier ma pensée, à la mettre en mots, à me la rendre consciente. En expliquant ma démarche, je comprends mieux ce que je fais. Sans cela, quand un savoir n'est pas reformulé, il s'efface. Nous le mesurons lorsque nous allons écouter un conférencier. Son discours a beau être passionnant, si nous ne le répétons pas dans notre tête (ou à quelqu'un d'autre), nous n'en garderons pas grand-chose. La mise en parole conscientise ce qu'on savait... et qu'on ne savait pas qu'on savait ! C'est encore et toujours l'art de créer des connexions.

Antoine de La Garanderie en était persuadé. D'autres, comme Thomas Gordon avec l'écoute active, l'ont avancé avec un angle de vue un peu différent : on apprend en mettant en mots. C'est ce qui s'observe dans le travail de psychothérapie. Lorsqu'un patient parle à son psy d'une crainte qui l'habite, ses mots l'aident à sortir de l'état dans lequel le plongeait sa peur. C'est le même processus avec le savoir ; il y a le moment où je crois savoir quelque chose, le moment où je le formule et le moment où je le sais. Et plus je le récite, ou plutôt plus je l'explique à un autre, plus je le sais en profondeur. J'en ai fait l'expérience avec cette école : entre le moment où j'ai eu l'intuition qu'il fallait créer une école de ce type et aujourd'hui, je sais beaucoup mieux ce que je fais. Il y a huit ans, j'étais convaincue que c'était dans cette direction qu'il fallait imaginer l'école, sans bien savoir pourquoi. Mais à force de présenter le projet, j'ai progressé dans mon explication et je suis meilleure sur le terrain car j'ai dû réfléchir, synthétiser et intégrer de nouveaux apports. En restituant ce savoir, je le sais de mieux en mieux. Autrement dit, plus j'avance, plus je fais de formations, plus je fais de conférences, plus je sais de quoi je parle ! C'est ce que j'appelle la connaissance. Elle est le fruit de l'expérience et de l'acquisition de savoirs.

"Déprogrammer" un savoir pour en installer un autre

Pour qu'un savoir s'ancre en nous, nous devons tisser des liens entre ce savoir et ce que nous savions déjà. C'est ainsi que ce nouvel apprentissage laisse une "trace mnésique" dans le cerveau. Cette trace apparaît en nous comme le sillon creusé par le paysan lorsqu'il laboure son champ. Si le sillon est tracé une, deux, trois fois, vient un moment où il ne s'effacera plus. Mais en parallèle, il faut "désapprendre" pour pouvoir intégrer un nouveau savoir. Par exemple, l'enfant apprend sa table des 3 ; il mémorise 3 x 9 =32. Un peu plus tard, il se rend compte qu'en fait, le résultat est 27. Pour tracer un autre chemin jusqu'à son cerveau et arriver au bon résultat, il doit prendre conscience qu'un premier chemin existait déjà dans son cerveau, puis le déprogrammer pour laisser le nouveau savoir s'installer. Cela demande de conscientiser l'erreur, de la reformuler puis de l'ancrer. C'est le principe même de la démarche expérimentale, chère à Georges Charpak, avec *La Main à la pâte*, évoquée plus haut. Apprendre oblige d'abord à désapprendre. Donc, il faut toujours vérifier (et identifier !) ce qu'on savait déjà avant de vouloir intégrer un nouveau savoir. En classe, les enfants suivent cette démarche. En voici une démonstration concrète.

L'exemple de l'alternance jour/nuit :

D'abord, les élèves dessinent comment ils imaginent ce qui se passe dans le ciel. Ils s'obligent ainsi à identifier ce qu'ils croient savoir et qui est peut-être erroné ou construit à partir de liens magiques. Par exemple, un CP pense qu'il y a des jours et des nuits parce que la lune est amoureuse du soleil. Un CE1 sera dans le pourquoi des choses et se dira qu'il y a des jours et des nuits pour que les légumes puissent pousser !

Ensuite, ils se posent de nouvelles questions ; ils émettent des hypothèses et vont les vérifier en faisant des expériences ou en allant chercher dans les livres et autres documents.

Puis, éclairés de ce qu'ils ont appris, ils formulent une nouvelle réponse.

Enfin, ils vont revisiter ce qu'ils savaient d'erroné sur l'alternance jour/nuit pour l'enlever de leur tête.

À quoi raccrocher un savoir 100 % nouveau ?

Lorsque nous apprenons quelque chose de très nouveau, nous ne le raccrochons à rien d'existant directement en rapport. Ce savoir est trop loin de nous pour que nous soyons capables de faire des connexions ou même d'en dire quelque chose. Non intégré, relié à aucun élément rangé dans notre banque de données, ce savoir... ne constitue pas un nouveau savoir.

Par exemple, quand l'électricien qui travaille chez moi me parle d'électricité, mon cerveau ne sait pas en faire une représentation mentale. Ce concept que je n'arrive pas à saisir, j'essaie de le raccrocher à des zones de mon cerveau qui auraient compris. Mais manifestement, il n'y en a pas ! Du coup, je ne parviens pas à faire de connexion. Cela ne me "dit" rien, car cette discipline ne parle à rien de déjà connu en moi qui s'en rapprocherait. J'ai une idée. Pleine d'espoir, je la soumets à l'électricien : "On pourrait comparer le courant électrique à un petit bonhomme qui court sur le fil ?" J'ai facilement recours à cette astuce du "C'est comme". Pour comprendre un nouveau savoir, on utilise souvent ce principe de passer par une image concrète, visible, pour comprendre une abstraction, quelque chose d'invisible. L'électricien me répond : "Non, ce n'est pas du tout comme cela que ça marche." Je suis coincée. Il est possible aussi que ce qu'il dit s'appuie sur une ancienne représentation mentale que je me suis faite sur l'électricité, qui doit dater de mes cours de lycée et que je n'arrive pas à annuler. Cette représentation est toujours activée mais comme je n'en ai pas conscience, elle perturbe mes tentatives pour comprendre comment fonctionne l'électricité. Si je veux vraiment comprendre, il faudra que l'électricien reformule jusqu'à ce que mon mental arrive à trouver des points de repères existants, et à partir de là, je commencerai à construire cette nouvelle représentation. En classe, l'enseignant doit donc vérifier que l'élève fait bien des liens, ce qui demande des allers-retours entre la pensée de l'un et la reformulation de l'autre. À condition, bien sûr, que l'élève se mette en projet de comprendre et d'apprendre. Sans quoi, l'enseignant peut faire tous les efforts qu'il veut, si l'élève ne se mobilise pas, il n'apprendra pas. Apprendre, c'est prendre !

3. Quel est le projet ?

En classe, lorsque nous démarrons un apprentissage, l'enfant a besoin de savoir ce qu'est le projet. Ce terme, que beaucoup de pédagogues ont utilisé, n'a pas le même sens chez Célestin Freinet ou chez Antoine de La Garanderie. Ce dernier parlait de se mettre en projet. C'est le sens que j'utilise lorsque j'annonce le programme à la classe : voilà ce qu'on va faire aujourd'hui ; voilà ce que j'attends de vous. C'est utile pour que l'élève sache où il va : je lui donne précisément le but à atteindre afin qu'il sache où porter son attention. Il y a des années, quand j'ai appris la planche à voile (je reviendrai sur cet exploit dans quelques pages), cela ne m'aurait pas déplu que le moniteur nous dise, avant d'entreprendre son cours théorique : "Avant que vous vous mettiez à l'eau, je vais vous expliquer quelques points théoriques sur la planche à voile, le vent, l'équilibre ; mais ce n'est pas nécessaire de retenir le nom des vents"...

En classe, par exemple lors de la première leçon sur la division, j'avertis les enfants : "Aujourd'hui, c'est la première fois qu'on aborde la division ; elle n'est pas facile à poser parce qu'il faut s'habituer à placer des chiffres à différents endroits. Par contre, elle utilise des opérations que vous connaissez déjà – la multiplication et la soustraction – et qui ne présentent pas de difficulté particulière." Je balise le chemin avant de commencer la leçon ; j'anticipe sur ce qui peut poser problème aux élèves.

Dès qu'il doit apprendre quelque chose, l'enfant se met en projet à son tour. Il a cinq mots à apprendre pour demain matin ? Son projet peut se résumer ainsi : "J'apprends mes cinq mots, je les récite à maman." Le problème, c'est qu'avec un tel projet, il fait travailler sa mémoire à court terme. Et le lendemain, en classe, il a tout oublié ! Son projet était de réciter les mots à sa mère..., pas de s'en souvenir le lendemain. Il est en colère contre sa mémoire : il a l'impression de s'être fait avoir. En réalité, la mémoire à court terme est faite, comme son nom l'indique, pour retenir peu de temps. Elle a rempli sa mission : elle a appris, puis oublié. En classe, la maîtresse lui dit : "Je vois que tu n'as pas appris les cinq mots." J'aurais très bien pu faire ce genre de réflexion, il y a quelques années... Aujourd'hui, j'ai un postulat de confiance : j'ai quelques élèves qui ne font pas souvent leurs devoirs mais s'ils me disent qu'ils les ont faits, je les crois. Ils ont peut-être appris leurs mots hier soir, mais les ont oubliés depuis. Je leur demande : "Comment as-tu travaillé ?" S'ils expliquent que le projet était de réciter les mots à un adulte dans les minutes qui suivent l'apprentissage, je leur montre que ce n'était pas la bonne stratégie puisque tout s'est effacé aujourd'hui. Quand l'enseignant conseille : "Si tu veux retenir tes mots, tu devrais travailler plus !", il devrait plutôt proposer de travailler autrement. Faute d'identifier cette stratégie qui n'est pas la bonne, l'enfant adopte la stratégie du nul : il arrive à l'école, il s'aperçoit que les autres savent les mots appris hier soir alors que lui ne se les rappelle plus. L'enseignant le soupçonne alors de ne pas avoir travaillé ; l'enfant se dit qu'il est nul. Du coup, il adopte la stratégie suivante : "La prochaine fois, je n'apprendrai pas les mots. Comme ça, la maîtresse croira que je n'ai pas appris. Si elle me demande si je suis bête, je pourrai me dire : « Mais non, je ne suis pas nul, je n'ai pas travaillé ! »" Peu à peu, l'enfant ne prend plus le risque d'apprendre. Comme c'est douloureux d'être nul, à défaut de réussir, il cherche à maîtriser son échec : il ne rate pas puisqu'il n'apprend pas ! Il reste ainsi dans une forme de toute-puissance. Cette attitude s'ancre très tôt à l'école.

4. "Quelle réponse attend la maîtresse ?"

En classe, nous devons nous assurer que nos attentes coïncident avec le projet de l'enfant. En voici une illustration. Un jour, je travaillais avec un CP très dysphasique sur le son [a]. Je lui demande de trouver des mots qui contiennent ce son. Le garçon se concentre. Compte tenu de ses difficultés de langage, l'exercice n'est pas évident pour lui. Il commence : banane, ananas, cacahuète. Je suis fière de lui, je crois qu'il a compris ! Puis il rajoute... fraise. Mauvaise piste : il listait des fruits, pas le son [a]. Cet exemple montre combien il est précieux de faire la différence entre le contrat didactique (ce que la maîtresse demande) et le contrat didactique secret de l'enfant (donner la réponse que la maîtresse semble attendre, avoir juste même si je n'ai pas compris, copier sur mon voisin, etc.).

L'enfant épie chez moi la réponse que j'espère. Il est observateur : il a compris que 80 % du message passe par le corps et 20 % par le langage. Quand je lui pose une question, il n'est pas forcément en train de m'écouter, mais plutôt de scruter, par ma gestuelle, si j'attends qu'il réponde vrai ou faux, oui ou non, etc. Dans l'accompagnement de l'élève, il faut faire attention à ce que nous révélons à notre insu. Sinon, nous ne cessons pas de "souffler" la réponse. Essayant de deviner la réponse que je souhaite, l'enfant se trompe de projet. Il s'imagine qu'il doit répondre comme je l'espère alors que son projet devrait être : "Est-ce que j'ai compris ce que la maîtresse demande ?"

Il est d'autant plus compliqué pour l'enfant de primaire de définir son projet véritable que pendant des années, il ne s'est pas posé la question : il se contentait de jeter un œil autour de lui pour voir ce que faisaient les autres et leur emboîter le pas. Il travaillait par imitation. Jusqu'à la grande section, il avait tout à fait le droit de copier ce que faisait son voisin. Cela n'avait aucune importance qu'il regarde comment l'autre s'y prenait pour dessiner ou faire un puzzle. C'était même plutôt valorisé : il pouvait ainsi s'inspirer des techniques de ses copains. Mais voilà qu'arrivé au CP, l'enseignant lui dit que ce n'est pas efficace voire même qu'il triche ! Quelques élèves ont du mal à le comprendre. Au moment de faire un exercice où il faut relier des images aux mots qui leur correspondent, ils jettent un coup d'œil sur la réponse du voisin, sans chercher à copier, d'ailleurs ; mais leur œil ayant mémorisé la disposition des traits, ils la reproduisent. Certains ne lisent ou n'écoutent même pas la consigne : ils copient les traits. Leur projet, c'est d'avoir juste, pas de comprendre l'exercice.

5. Pour apprendre une leçon

Le travail d'abord autonome puis à plusieurs est très efficace pour cela : par exemple, un groupe prépare une évaluation sur les Gaulois. Sur le document qui résume leurs travaux de recherche effectués en amont, chaque enfant surligne en jaune les choses importantes à savoir, en rouge les mots dont il faudra d'après lui mémoriser l'orthographe. Ensuite, je demande aux élèves de se mettre par trois et d'imaginer les questions que la maîtresse pourrait leur poser. En inventant ces questions puis en les posant à la classe, ils sont en train d'apprendre. Je vérifie seulement qu'ils ont balayé toutes les notions essentielles à retenir mais une chose est sûre : ce savoir-là est bien rentré ! Un exercice individuel de restitution de la leçon leur permettra de le vérifier.

Je me souviens d'un professeur de maths de collège, qui travaillait avec des élèves en difficulté. Aucun d'eux ne prenait plus le risque d'apprendre ; ces jeunes savaient qu'ils obtiendraient de toute façon de mauvaises notes et auraient une fois de plus la confirmation de leur incompétence. Ce professeur eut alors l'idée de les encourager en faisant avec eux un projet très simple. Avant un contrôle, il les prévenait : "Demain, je vous donnerai l'exercice n° 12 page 40." Ses élèves préparaient l'exercice le soir et le lendemain, ils étaient contrôlés dessus. Ils osaient de nouveau prendre le risque d'apprendre. Ils obtenaient de bonnes notes, ce qui les rassurait et les motivait : sachant exactement ce qu'on attendait d'eux, ils étaient plus tranquilles, donc plus à même de réussir. Petit à petit, ils se sont remis en apprentissage et ont fait de gros progrès. Il ne s'agit certainement pas de baisser l'exigence comme le relaient sans bien comprendre les médias ; il s'agit de sortir l'élève de la spirale infernale du ratage. Elle vient souvent d'une mauvaise compréhension du projet. Si l'enseignant l'élabore avec eux, les élèves comprennent où ils doivent focaliser leur attention et se remettent à apprendre. Apprendre est un acte qu'aime normalement l'être humain, grand ou petit, tout au long de sa vie. Mais si les progrès ne sont pas récompensés par la note, beaucoup lâchent l'affaire. En classe, en mathématique, je donne souvent un exercice puis le lendemain, un autre exercice avec la même consigne, mais des nombres différents. Ainsi, je vérifie juste que les élèves ont compris le raisonnement. Beaucoup de professeurs préfèrent rajouter des difficultés, partant du principe que pour être un bon professeur, il ne faut pas que le travail demandé soit trop facile... Ils raisonnent le regard braqué sur la courbe de Gauss (une courbe qui ressemble à un chapeau) : selon eux, dans toute classe, il faudrait un groupe d'élèves faibles (le bord gauche du chapeau), un groupe de moyens (le dessus du chapeau) et un groupe de forts (le bord droit du chapeau). Or, les groupes sont très différents d'une année à l'autre ! Les enseignants devraient aussi se souvenir des expériences menées dans les années 1960 sur l'effet Pygmalion, aux résultats spectaculaires : si quelqu'un m'amène un groupe d'élèves présentés comme brillants, je vais les trouver très bons et ils vont beaucoup progresser parce que je croirai en eux. Si ce même groupe m'est présenté comme médiocre, je vais le trouver moins bon... et trouverai normal que les résultats soient moyens : inconsciemment, je baisserai mon degré d'exigence.

6. Ce que l'enfant a compris

Après avoir vérifié que l'enfant et l'enseignant ont un projet à peu près commun, pourquoi vérifier ce que l'enfant a compris quand il bute devant un exercice ? Certains pensent que la vérification n'est pas utile, parce que trop évidente : si l'élève ne parvient pas à faire cet exercice de fractions, c'est qu'il n'a pas compris les fractions. Ce serait trop beau si c'était aussi simple... Souvent, les enfants qui ont des problèmes en maths n'ont pas de problème avec les mathématiques, mais avec le vocabulaire employé dans la consigne ! En effet, quantité de mots ont un double sens dans les consignes et nous, adultes, n'y prêtons pas attention. Par exemple, "Il achète 2 gâteaux à 3 euros pièce". 3 euros pièce, cela ne veut rien dire pour un enfant ! Il peut dire : "Ça n'existe pas, une pièce de trois euros !" ou alors "Pourquoi l'exercice parle d'une pièce de théâtre ?" Même difficulté avec "trois euros l'un", tout aussi opaque pour le jeune élève. Une autre expression qui le déroute : "Dans le dessin ci-contre" ; contre qui, se demande-t-il ?

L'enfant peut donc rester bloqué sur son exercice de maths pour une simple question de vocabulaire. C'est ici que la gestion mentale nous éclaire. Lorsqu'on demande : "Dis-moi ce que tu as compris ?", on découvre où se trouve l'obstacle, pour cet enfant. Je me souviens d'un élève face à une enquête de mathématiques (ici, on ne dit plus qu'on fait un problème) : "Mme Un tel va faire ses courses ; elle achète 2 kilos de carottes à 1,50 euro le kilo ; 2 kilos de poireaux à 1,50 euro le kilo, 3 kilos de pommes de terre à 0,50 euro. Combien dépense-t-elle au total ?" À chaque fois, l'enfant trouvait un résultat faux. Je ne comprenais pas pourquoi ; je lui demande de me raconter sa stratégie mentale. Ce qu'il fait. Je lui dis : "Je sais pourquoi tu n'as pas le même résultat que les autres : tu as oublié de compter les poireaux." Imperturbable, il répond : "C'est normal, ma mère n'en achète jamais." Dans son monde, le poireau n'existe pas !

Une précision : en mathématiques, nous parlons en effet d'enquête et non de problème. Avec le terme d'enquête, l'enfant s'imagine avec sa casquette et son attirail de détective ; cela lui plaît bien. Le mot problème décourage, alors que le mot enquête donne de l'énergie et motive pour trouver la solution !

Mais les consignes des exercices de maths ne sont pas les seules à perturber les élèves ! Voici un exercice de français qui en a laissé deux perplexes. La consigne était : "Écris les verbes en italique à l'imparfait ou au passé simple". Ruben me montre son cahier, quelques minutes plus tard : "J'ai tout mis à l'imparfait, il était trop simple, cet exercice..." Il n'avait pas compris qu'il ne devait pas choisir l'un ou l'autre temps, mais celui des deux qui convenait le mieux. Peu après, Alban me rejoint au bureau : "Il fallait écrire penché, nous aussi ? Du coup, comme je ne savais pas, je n'ai rien fait." Cette aisance des élèves à formuler ce qu'ils ont essayé de faire est une aide précieuse pour contourner des obstacles indétectables, car uniquement dans leur tête.

7. L'enfant peu outillé face à la pensée abstraite

Plus la banque de données de l'enfant est riche, plus il pourra faire de connexions ensuite, donc assimiler de nouveaux savoirs. À l'inverse, un enfant peu stimulé, pas très curieux de nature, va se constituer une très petite banque de données et aura du mal à faire des ponts entre un nouvel apprentissage et son matériau personnel de base.

Lorsque cet enfant peu équipé arrive par exemple en fin de maternelle, il peut se trouver en décalage par rapport à ses copains. Pourtant, il aurait peut-être besoin de choses très simples, qu'un enfant découvre en grande section, pour enrichir son outillage de base : ranger les couleurs, les formes, intégrer des mots de vocabulaire, etc. J'ai l'exemple d'une fillette en grande difficulté, que j'ai eue il y a quelques années. Elle avait peu d'outils dans sa besace des savoirs, mais elle avait intégré la notion d'argent. Les euros devaient avoir du sens pour sa famille ; ils en avaient également pour elle. En maths, très souvent, je lui parlais avec des euros : c'était concret, cela résonnait en elle. Dans les enquêtes de maths, comprendre l'équivalence entre 100 centimes et 1 euro ne lui posait pas de problème. Mais s'il fallait compléter une phrase pour distinguer s'il s'agissait de centimètres ou de mètres, là, elle était perdue. Par exemple, "Un garçon fait une course de 50 mètres ou de 50 centimètres ?", elle ne savait pas répondre. Il nous fallait passer par la vraie vie pour qu'elle comprenne (d'ailleurs, elle aurait volontiers dit : "Il court 50 euros" puisque l'euro était la seule échelle qui lui parlait). C'est dans ces moments-là qu'on saisit l'importance de la banque de données. L'enfant petit doit vivre des expérimentations qui vont lui permettre, des années plus tard, de passer de la pensée concrète à la pensée abstraite. En voici un exemple frappant. Le petit enfant aime jouer avec de la pâte à modeler. Vers 4-6 ans, il découvre un concept essentiel sans le savoir : la conservation de la quantité. C'est un test qui est fait chez l'orthophoniste pour un enfant en difficulté mathématique. Il joue avec sa pâte à modeler. Elle est en boule ; puis on lui propose de l'étaler et d'en faire un long serpentin. Si on lui demande : "Est-ce que tu as autant de pâte à modeler que tout à l'heure ?", il peut répondre par l'affirmative. Mais certains enfants n'imaginent pas que la même quantité puisse changer de forme. Donc, ils répondent : "Pas du tout, là, il y en a beaucoup plus. Tu ne vois pas comme c'est long ?" Tant que l'enfant n'a pas compris ce concept de conservation de la quantité (ou du nombre), il ne peut pas faire de conversions ; il ne peut pas concevoir que des centimètres deviennent des mètres, et qu'une même quantité puisse s'appeler de différentes façons. Arrivé à l'âge des opérations concrètes, comme dirait Jean Piaget, il bute sur des concepts qu'il ne comprend pas, parce que le "terrain" n'a pas été préparé en lui pour qu'il les intègre.

Mais nous, adultes, butons également sur des concepts abstraits qui nous échappent ; face aux grands nombres (ou aux très petits), je suis assez perdue. Pour moi, deux millions ou deux milliards, cela se résume de la même façon : c'est beaucoup ! Un jour, un ami m'avait demandé : "À ton avis, combien y a-t-il de feuilles sur un arbre ?" Voici le genre de questions à laquelle je ne sais pas répondre. J'ai avancé : "Un million ?" Il a répondu : "Mais non ! 10 000 feuilles, ce serait déjà énorme." Je ne fais pas la différence entre beaucoup et énorme.

8. D'abord l'expérience puis la théorie

Pour un nouvel apprentissage, il faut autant que possible débuter par l'expérience, pour que le cerveau se mette en recherche (de comprendre comment ça marche, ce qu'il faut retenir, où sont les difficultés). Et ensuite, l'enseignant apporte la théorie qui formalise ce nouveau savoir. S'il fait l'inverse, la théorie qu'il propose tombe à plat car l'enfant ne sait pas sur quoi il doit porter son attention. J'en ai fait l'amère expérience il y a des années, lorsque j'apprenais la planche à voile. Le moniteur avait commencé la séance par un cours théorique sur le principe de la poussée du vent sur la voile, les notions d'équilibre, les différents noms du vent selon qu'il vient de face, de côté, de derrière, etc. J'étais déroutée. Parmi la quantité d'informations que je recevais, je ne savais pas laquelle me servirait une fois que je voguerai sur l'eau ! Je me suis alors focalisée sur le nom des vents, que j'ai essayé de retenir. Le lendemain, j'ai vite réalisé que ce savoir-là n'était pas essentiel. Et lorsque j'ai sorti le mât de l'eau et que la planche a commencé à avancer sans que je ne fasse rien pour cela, j'ai compris tout de suite ce que signifiait la prise au vent ! J'ai bien regretté que le moniteur ne nous refasse pas, quelques minutes plus tard, le cours qu'il avait fait la veille. Ayant expérimenté la prise au vent et les problèmes d'équilibre, j'aurais su ce qui était essentiel à retenir de son cours.

Mais à d'autres moments, il faut également remplir la banque de données de l'enfant. Et alors, on commence par la théorie, car il n'est pas possible d'expérimenter tous les savoirs. C'est le cas avec l'histoire, par exemple. Les enfants adorent écouter une tranche d'histoire, surtout si le récit s'appuie sur quelques anecdotes qu'ils n'auront pas de mal à retenir ! Par exemple, je suis sûre que les enfants retiendront quelques détails de la loi des Francs qui indique qu'à cette époque, voler un cochon coûte 17 sous ; voler ou tuer un esclave coûte 30 sous ; tuer un Franc libre coûte 200 sous… et tuer un Romain coûte 10 sous.

9. Le protocole pour échanger la stratégie mentale

Nous avons vu dans le chapitre précédent que la manière la plus efficace pour apprendre est l'explication à l'autre de la méthode que chacun a empruntée. Le fait de formuler sa stratégie permet de l'intégrer. Ce conflit sociocognitif, les élèves le pratiquent plusieurs fois par semaine à partir du CE2 (on commence en fin du CE1). Voici comment :

Je mets la classe en recherche individuelle

Exercice de maths, toilettage d'un texte de français, acquisition d'un nouveau savoir ("Je vous donne dix phrases contenant les mots où et ou ; et vous m'expliquez pourquoi on écrit l'un ou l'autre") : le sujet varie selon le niveau de l'élève.

L'élève va chercher tout seul

Peu importe ce qu'il trouve. S'il a du mal, il cherche encore pendant 5 minutes. Ensuite, même si son raisonnement débouche sur une impasse, il va découvrir les chemins empruntés par ses voisins et il en tirera quelque chose. Mais s'il s'est contenté de rêvasser pendant le temps de recherche individuelle, il n'aura rien à dire et quand les autres parleront des chemins qu'ils ont pris, cela n'évoquera rien pour lui. La pression temporelle ne doit pas être une contrainte : si un enfant a besoin de quelques minutes de plus pour aller au bout de son raisonnement, nous les lui laissons. Sinon, il se focalise sur le temps qui passe et réfléchit (puis apprend) moins efficacement. Il faut s'extraire de cette contrainte temporelle, d'autant qu'aller vite est une fausse qualité. Les savoirs s'empilent bien mieux lorsqu'ils sont correctement ancrés. En attendant l'élève qui a besoin de plus de temps, les autres enfants ont une autre activité individuelle, de la lecture libre par exemple.

Les élèves se mettent par groupes de trois

Deux élèves, ce n'est pas assez car s'il y a un élève réputé bon et un autre, moins fort, il n'y aura pas d'échange de stratégie. Trois, c'est le bon chiffre : il faut convaincre les deux autres. À quatre, le conflit sociocognitif n'est pas aussi actif qu'à trois : je constate souvent qu'un des quatre ne s'investit pas beaucoup. La constitution du groupe est un point important ; soit les enfants se choisissent eux-mêmes, soit je panache un peu les groupes, pour que les trois meilleurs copains (ou les très forts, etc.) ne se retrouvent pas toujours ensemble. Je demande aux enfants en difficulté avec qui ils aiment échanger leur stratégie mentale. Ils choisissent l'élève dont ils comprennent le raisonnement. Ce n'est pas forcément leur ami, mais un enfant dont la façon de penser leur correspond. D'ailleurs, ils le disent : "J'aime bien échanger avec X, je comprends toujours quand il/elle explique."

Ils échangent leurs stratégies

Ils sont toujours en recherche. Et maintenant, ils disposent de trois cerveaux au lieu d'un. Chaque enfant qui explique sa stratégie intègre ce qu'il a fait... donc il continue à travailler ! Si l'autre répond : "Tu as raison, je me suis trompé", il doit reformuler la stratégie de son copain avant de corriger sa feuille. J'ai rajouté cette consigne car certains enfants contournent ainsi la difficulté : devant un élève qui leur explique pour la troisième fois sa stratégie qu'ils ne comprennent toujours pas, ils disent : "Mais oui, bien sûr !" Parfois même, ils pensent vraiment avoir compris. Désormais, celui qui veut écrire la réponse d'un autre ne peut le faire que s'il est capable de la reformuler. Quand les élèves viennent me voir à la fin de leur travail, ils me disent avec beaucoup de bienveillance : "Un tel a compris, mais comme il n'a pas su reformuler, il n'a pas mis de réponse." Cette nouvelle organisation permet à l'enfant qui n'a pas su reformuler d'éviter la case "Je suis nul(le)" qui le fait en général "tomber dans le trou" et lui coupe toute envie de réessayer.

Cet échange est très instructif à observer : la discussion est passionnée entre les enfants. Ils aiment confronter leur stratégie : "Si mon voisin est passé par tel chemin, ce n'est pas bête. C'est que, pour lui, cela avait un sens, qu'il me faut découvrir." Nous observons aussi l'évolution des comportements des élèves. Par exemple cette fillette de CM2, plutôt réservée, défend désormais avec aplomb sa stratégie mentale alors qu'il y a quelques mois, elle aurait lâché prise face à un élève proposant une autre stratégie.

Lorsque le groupe revient en classe, me montre le résultat de cet échange "à trois têtes" et qu'il y a une erreur, je leur demande comment ils ont procédé. Ils tombent souvent dans le piège suivant. Ils disent : "On a pris la solution de Martin parce que c'est le meilleur en maths, donc c'est lui qui doit avoir raison." Ils abandonnent leur raisonnement – même s'ils avaient juste – par facilité ou parce qu'ils sont persuadés d'avoir tort. Et comme Martin ne doute pas de son résultat puisqu'il est habitué à être fort, tout le monde le suit... Ce genre de situation apprend à tous qu'à l'école, il vaut mieux rester vigilant plutôt que supposer que celui-ci a raison, celui-là a tort. Ce qui compte, c'est de comprendre et non de trouver la bonne réponse. Pour ma part, un élève qui arrive en me disant qu'il n'a rien marqué car il n'a pas compris le raisonnement des deux autres enfants fait preuve de grande intelligence. De même, je me réjouis quand un élève vient me voir pour me dire que sa réponse ne peut pas fonctionner, qu'il est capable d'analyser tout seul que sa solution n'est pas la bonne. Pour moi, c'est vraiment la preuve qu'il donne du sens à ce qu'il est en train de faire, qu'il raisonne intelligemment. Je suis parfois perplexe devant un élève capable de trouver un résultat absurde (la taille d'une personne égale à 258 centimètres par exemple, ou le prix d'un bonbon à 48 euros), je lui rappelle alors que le projet de l'école est d'apprendre des choses qui servent dans la vie et non de mettre des réponses au hasard ! Avec la pédagogie de l'école, ce genre d'écueil n'arrive pratiquement jamais. C'est ce qui en fait sa principale force.

Ancrer le nouveau savoir

Après ce temps d'échange, nous faisons des exercices d'ancrage et d'intégration du nouveau savoir car le cerveau a besoin qu'on lui répète la même chose pour l'intégrer durablement. Les élèves savent que la finalité d'un savoir – même s'ils l'ont acquis à plusieurs – est de savoir le réutiliser tout seul. À cette étape, je propose à l'élève qui le désire une explication individuelle : "Quelle est ta demande ?", dis-je, pour m'assurer de répondre à son besoin… lequel n'est pas forcément celui que je pense avoir identifié. Par exemple, je lui propose : "Veux-tu que je te donne ma stratégie ? Que je cherche une autre méthode pédagogique ? Veux-tu qu'un élève vienne t'expliquer avec ses mots ? Veux-tu qu'on passe par un jeu (de cartes, de figurines, etc.) pour mieux comprendre ?" Dans tous les cas, que les enfants aient compris tout de suite ou non, l'enseignant doit repasser par une vérification individuelle du savoir nouveau pour chaque élève.

10. La stratégie mentale, côté élève

En maths, à part s'il est précoce, l'élève est obligé d'avoir une stratégie mentale : pour obtenir un résultat, il a fait quelque chose dans sa tête, dont il peut parler. L'exemple le plus facile ? Le calcul mental. Quand il additionne 17 + 9, l'enfant raconte par où il passe pour arriver à 26. Il peut dire : "J'ai pris 17, puis comme 9, c'est 10 – 1, j'ai fait 17 + 10 = 27, puis 27 – 1 = 26". Il peut dire aussi : "J'ai pris 10 dans 17, j'ai ajouté 7+9, j'ai trouvé 16 que j'ai rajouté à 10." Le travail est facilité en maths car le résultat obtenu donne une indication : si l'enfant trouve qu'une personne est âgée de 556 ans, il peut supposer qu'il a commis une erreur quelque part... En français, ce n'est pas toujours le cas : dans un texte à corriger, il faut explorer dans quantité de directions (grammaire, orthographe, conjugaison, mots invariables, adverbes) pour balayer les éventuelles erreurs. De plus, échanger ses stratégies mentales n'est pas toujours facile, car l'enfant peut photographier un mot dans sa tête et l'écrire correctement au niveau lexical sans qu'il y ait d'explication : par exemple, on écrit "er" à la fin de "métier". En revanche, toute la grammaire demande un dialogue pédagogique que l'on peut oraliser et là, il y a des explications : par exemple, "les métiers" portent un *s* parce que c'est un pluriel. Je constate, à l'usage, que les enfants ont plus de facilité à échanger leur stratégie mentale en maths qu'en français.

Sur le terrain, qu'en pensent les enfants ? Observation en direct, pendant une séance de français avec un groupe de CM2. Les enfants doivent corriger une série de phrases comportant plusieurs fautes (ils ne savent pas combien exactement). Après avoir travaillé chacun de son côté, Jeanne, Léna et Joseph se regroupent. Examen de la phrase "Les chat vons croquer la souri" ; où sont les fautes ? Jeanne prend la parole : "Déjà, les chats sont plusieurs, donc il faut rajouter un *s* à chat. Souris prend toujours un *s*, même au singulier." Puis elle bute sur le verbe : "vons, écrit comme ça, ne me convient pas. Mais je me demande si c'est le verbe aller ou vouloir ?" Elle dit : "Je passe par le singulier. S'il n'y avait qu'un chat, je dirais : « le chat va ». Alors, je vais dire toutes les formes du verbe aller, pour vérifier si c'est bien ce verbe." Léna la regarde avec des yeux ronds puis prend la parole : "Mais pourquoi tu récites le verbe aller ? *vons*, ça vient du verbe vouloir." "Pas du tout !", répond Jeanne. Pendant qu'elle récite à haute voix le verbe aller, Lena récite de son côté le verbe vouloir. Joseph ne perd pas une miette du débat... Léna arrive à la troisième personne du pluriel, ils *veulent*. Elle regarde son amie et dit : "Oups, je me suis trompée, c'est toi qui avais raison !" Chacun corrige sur sa feuille et Jeanne rajoute : "Donc, il faut un *t* à la fin de *von*, et pas un *s*. Au pluriel, c'est comme ça que se finit le verbe, à cette forme." Changement de groupe et de débat : les enfants ne sont pas d'accord sur l'orthographe du mot forêt. Dans la phrase à corriger, c'est écrit foré. Le premier propose *fôret* : "Je suis sûr qu'il y a un chapeau chinois dans ce mot." La seconde préfère *forêst* : "Je crois que le chapeau chinois est sur le *e*..." Et le troisième, dyslexique, rigole : "Moi, comme je ne savais pas, je suis allé regarder dans le dictionnaire (en recherche individuelle, c'est tout à fait permis d'aller chercher une information dans un livre, un dictionnaire, etc.)." Il montre le mot qu'il a recopié, correctement orthographié. Les autres sont sceptiques. Ils ont peut-être remarqué que leur copain dyslexique se trompe souvent en orthographe... Alors, ils vérifient tous les trois dans le dictionnaire. Commentaires étonnés : "Ah oui, tu as raison. Je n'aurais jamais pensé qu'il s'écrivait comme ça !"

Changement de matière : dans l'après-midi, les élèves de CM1 doivent résoudre une enquête de maths. Un restaurateur a besoin de 68 quarts de tarte ; combien de tartes doit-il acheter chez le pâtissier ? Trois garçons se retrouvent après le temps de recherche personnelle. Théo est sombre, il n'a rien trouvé. Paul annonce : "Il doit acheter 17 tartes. Je ne sais pas comment j'ai ce chiffre ; j'ai divisé 68 par 4." Paul est précoce et peine souvent à expliquer par quel chemin il est passé. Robin détaille sa stratégie : "Il était question des 4 (les quarts de tarte), dans cet exercice. Donc je me suis dit que 4 fois 10, ça fait 40 ; 4 fois 20, ça fait 80. 68 se trouve entre les deux. Le chiffre qui est pile au milieu des deux, c'est 60 ; là, le restaurateur aurait besoin de 15 tartes. 68, c'est 8 de plus que 60. Et 8, c'est 4 fois 2. Donc, le restaurateur devra commander 15 + 2 = 17 tartes!" Paul hoche la tête et sourit; pas Théo! Il lui faudra trouver un autre enfant ou la maîtresse pour écouter d'autres stratégies et prendre celle qui lui parle.

Dans quelle discipline est-ce le plus simple d'échanger ses stratégies mentales? Il y a débat. Léna remarque: "En français, ça me semble plus simple: il y a plein de logique derrière la grammaire ou la conjugaison alors qu'en maths, quand il faut calculer devant les copains, je m'y perds." Jeanne n'a pas cette impression: "J'aime bien le français mais je trouve ça plus dur que les maths pour coopérer. Il faut faire attention à plein de choses: les conjugaisons, les adverbes, les mots invariables, les groupes des verbes. C'est facile d'oublier une faute en route!" Boris aussi préfère coopérer en maths: "C'est là que mon cerveau est le plus actif, et j'aime bien savoir comment les autres réfléchissent. Cela me donne une nouvelle technique." Coopère-t-on différemment avec un élève fort qu'avec un moins fort? Il poursuit: "L'élève fort peut réussir un exercice, mais peut-être que le coup d'après, c'est moi qui vais lui montrer ma stratégie et que ce sera la bonne. Avec un élève moins fort, je me mets à sa place; je n'aimerais pas qu'on me laisse tomber. Donc, j'essaie de lui expliquer. Peut-être que si je lui montre plusieurs fois le chemin que j'ai pris, ça lui donnera l'idée de reprendre ce même chemin une autre fois?" Enzo, lui, adore coopérer avec son copain Arthur: "Il m'explique bien, surtout en français". Mais le choisit-il simplement parce qu'ils sont amis? "Non, c'est juste qu'Arthur sait trouver les mots!" Au fur et à mesure, les enfants acquièrent une connaissance fine des capacités pédagogiques de leurs camarades. Basile remarque: "Diego m'explique très bien en maths mais je mets un peu de temps à comprendre sa tactique; quant à Victor, les mots qu'il emploie sont un peu compliqués, mais sa technique est bonne. Donc, pour moi, ces deux échanges de stratégies sont valables."

11. Les écueils de l'échange de stratégie mentale

Se tromper, ce n'est pas agréable

C'est dur de se rendre compte qu'on s'est trompé! Alors, certains élèves préfèrent garder leur (mauvaise) réponse qu'adopter celle du voisin. C'est qu'ils ont mis un peu d'eux-mêmes dans cet exercice, donc ils y tiennent: ils ont du mal à renoncer à leur raisonnement... Quelquefois, ils ont honte d'avoir tort. Il arrive aussi qu'ils fassent croire à eux-mêmes et aux autres qu'ils ont compris; d'autres fois, parce qu'ils en ont assez de se tromper tout le temps, ils disent qu'ils ont compris pour ne pas passer pour des nuls.

Délicate reformulation mentale

L'étape de reformulation est essentielle, mais parfois compliquée. Même si les autres élèves sont bienveillants envers celui qui reformule, ce dernier se sent un peu vulnérable s'il n'a pas compris la stratégie mentale du copain et demande de l'aide. Certains élèves pensent que les autres vont se moquer d'eux... même s'il n'en est rien. Cela dit, il semble que dire: "Quand X explique, je comprends très bien mais tout seul, je n'arrive pas à reformuler" ne génère pas le même sentiment de nullité ou d'humiliation que dire: "Je ne comprends pas." Ce que l'élève n'a pas intégré touche davantage à l'autonomie ("Je n'arrive pas à réexpliquer tout seul") qu'à la compréhension. Il faut prendre le temps de vérifier comment chaque enfant a compris. Car il arrive qu'un élève dise: "Je croyais que je savais, mais au moment de faire l'évaluation, je me suis rendu compte qu'en fait, je ne savais pas vraiment." Ou alors l'élève ne peut restituer qu'un bout du raisonnement; ou alors, il a tellement bien donné le change qu'il m'a fait penser qu'il avait compris. Les enfants le savent, le but, c'est de réutiliser individuellement ce savoir. D'où l'intérêt de ne pas chercher à camoufler ses difficultés.

La tentation de se reposer sur les autres

Le jour où l'on ne comprend pas, où l'on n'a pas envie de travailler, il est tentant de se reposer sur les autres. Cela arrive, mais ne dure pas longtemps. L'élève peut se reposer une séance ou deux, mais ce n'est pas une posture très intéressante. Le lendemain, il s'implique de nouveau. L'écueil n'est donc jamais que temporaire. Car il y a du plaisir à apprendre, à défendre son bout de gras, à convaincre l'autre. Ce plaisir, je l'ai rarement senti aussi présent chez les enfants depuis que j'enseigne avec cette méthode.

Certaines matières s'y prêtent mal

Dans certaines situations, je ne sais pas bien comment mettre les élèves en recherche, alors je leur distribue le savoir... Pour la technique opératoire de la division, par exemple, il y a une habitude à prendre. Ils vont l'apprendre par imitation. Certains sont perdus : quatre axes où poser des chiffres, cela fait beaucoup d'occasions de s'égarer ! Si je vois que beaucoup n'ont pas encore compris le principe, je les rassure : "Ne vous en faites pas, on en reparlera d'ici quinze jours." Quinze jours plus tard, je refais la leçon et là, comme par enchantement, cela fait tilt. Leur cerveau a travaillé pendant ces deux semaines sans qu'ils s'en rendent compte. C'est comme pour mon douloureux apprentissage de la planche à voile : lors du premier cours théorique, je n'ai pas pris les informations importantes car je ne savais pas sur quelle notion focaliser mon attention. Si le moniteur avait fait un second cours théorique après que j'ai expérimenté ce sport sur l'eau, mon cerveau aurait fait tilt, lui aussi. J'aurais su ce qu'il me fallait retenir comme information. Là, en classe, les enfants sont très surpris de constater qu'ils comprennent la division alors qu'ils pataugeaient il y a quelques jours : le travail d'acquisition s'est fait à leur insu. C'est plutôt jouissif, comme nouvelle... Et comme le cerveau aime qu'on lui répète, il ne faut pas hésiter à dire et redire, puisque ça marche ! Au collège, il vaudrait mieux faire la moitié du programme et laisser aux élèves le temps de l'assimiler plutôt que de remplir chaque heure de cours à ras bord et se désoler ensuite du niveau médiocre des élèves. Arrivés en 3e, ces derniers semblent avoir “désappris”, notent certains. Mais ce n’est pas étonnant : les professeurs n’ont pas le temps de les faire travailler intelligemment, activement. Vu le programme, il n’y a pas d’autre solution que d’enchaîner les cours frontaux. Quel gâchis d’énergie, alors que naturellement, si les élèves sont acteurs de leurs apprentissages, ils ne sont jamais mécontents d’apprendre. Il faut le répéter : c’est jouissif de comprendre, de trouver la bonne réponse ! Et lorsqu’ils sont dans cet état d’esprit, les enfants viennent à l’école en courant.

V
L'ÉDUCATION À LA CITOYENNETÉ ET À LA PAIX

1. Se désencombrer des tensions avec l'autre ou en soi

C'est probablement parce que moi-même, je n'aime guère le conflit que j'ai cherché à éduquer les élèves de l'école à la paix. J'ai mis longtemps à intégrer que le conflit fait partie du vivant. Comme les choses changent tout le temps, il faut rééquilibrer la relation régulièrement. Le conflit n'est que le reflet d'une "crise" à traverser pour construire un lien avec l'autre encore plus riche ou plus précieux. L'absence de conflit, c'est la fin du lien, qui se décompose, s'évapore.

Au début de ma carrière d'enseignante, avant d'être moi-même formée à la gestion des conflits, lorsqu'une situation m'opposait à un élève, je rêvais de trouver un moyen pour qu'il passe par la case: "Je suis d'accord avec toi, merci de m'avoir repris" sans passer par celle où il serait un moment fâché contre moi. Mais je n'y suis jamais parvenue: quand je dis à quelqu'un que ce qu'il fait n'est pas correct, son premier réflexe, c'est d'abord de ne pas être content! Depuis, j'ai appris à me sentir légitime pour intervenir quand il le faut, voire accepter un temps de tension avant de trouver comment régler le conflit à deux... ou avec l'aide d'un tiers, si besoin. C'est cet apprentissage que nous proposons aux enfants, pour qu'ils sachent de mieux en mieux vivre en paix avec eux-mêmes et à avec les autres. Ainsi désencombrés de tensions qui les opposent aux autres ou qui les déconcentrent, ils peuvent s'atteler tranquillement à leur métier d'élève.

2. Vivre ensemble exige des efforts

Vivre ensemble n'est pas facile. Nous voulons tous avoir une place, avant de comprendre qu'elle est unique, donc intéressante et légitime. Nous croyons également que pour être quelqu'un, il faut se tailler une place de choix. Et nous sommes nombreux à rêver d'être le ou la meilleur(e). Mais étant 7 milliards d'humains, nous aurons du mal à tenir tous sur la plus haute marche du podium ! Cohabiter exige donc des efforts ; je pense même que cela s'apprend.

De plus, la "culture psy", mal comprise ou mal digérée, ne nous facilite pas forcément la tâche ! Certains croient avoir progressé dans leur capacité à exprimer leurs émotions. Ils ont pensé un peu vite que les dévoiler ou nommer leurs besoins à autrui leur donnait plus de légitimité à demander ou à recevoir... Ils imaginaient qu'extérioriser leurs ressentis suffisait à justifier qu'ils soient plus écoutés que les autres, qu'ils aient "plus" raison que les autres. Mais c'est une erreur ; cette confusion provient de la non-compréhension des mécanismes qui fondent la relation. En réalité, chacun doit apprendre à reconnaître ses émotions et ses besoins en lui-même pour se positionner ensuite de façon plus responsable face à l'autre, et être en empathie avec lui. Il s'agit donc d'exprimer ses besoins à soi-même, puis de voir si c'est le moment de les prendre en compte ou non, sans vouloir les imposer aux autres. Par exemple, mes collègues et moi sommes en pleine réunion et j'aimerais bien aborder un souci qui me concerne. C'est mon besoin actuel mais dans la discussion, nous abordons un point très délicat : ce n'est pas du tout le moment d'interrompre la séance de travail. J'accepte de mettre mon besoin de côté pour l'instant et de me concentrer sur le projet commun. C'est cela, apprendre à vivre ensemble. Il faut accepter de passer par la case : "Quel est mon besoin ?" puis "Quel est mon intérêt ?" Si j'imposais à tous mon besoin, je ferais preuve de toute-puissance, en ignorant l'intérêt collectif (avancer ensemble efficacement). Et si je ne suis pas claire avec mes besoins, je vais ressentir des émotions désagréables ; n'en comprenant pas l'origine, je vais tenir le collectif responsable de mon malaise.

Lorsqu'on vit ou travaille à plusieurs, il faut donc se responsabiliser par rapport à ses besoins. Cela n'est pas plus facile à faire pour l'enfant que pour l'adulte ! En grandissant, l'enfant doit abandonner la croyance qu'il peut tout. Parfois, l'éducation actuelle – qui demande à ce dernier son avis sur tout – ne simplifie pas cet apprentissage. Cette tendance fabrique en effet des enfants qui négocient tout et tout le temps et expriment sans détour leur désir : "Non, moi, je n'ai pas envie de faire cette activité/Je ne veux pas être en groupe avec X, je ne l'aime pas/Moi, je veux être plus interrogé en classe que les autres/Je veux décider des jeux pratiqués en récréation." Le moins que l'on puisse noter, chez ces enfants plutôt opposants (voire un peu tyrans, quelquefois), c'est que la conscience de l'autre est très faible, ainsi que leur capacité à s'adapter aux besoins de l'autre – par essence différents des leurs.

Cela dit, cette conscience que l'autre existe et qu'il faut en tenir compte autant que de soi-même n'est pas innée ! Elle s'acquiert de façon plus consciente après 7 ans. Pour que l'enfant intègre cette notion, il doit apprendre à se décentrer de lui, ce qu'il fait peu naturellement avant cet âge, puisqu'il est en train d'apprendre à se construire ses propres repères pour s'autonomiser. Il ne peut pas tout faire en même temps… On le voit dans les jeux pratiqués en récréation : avant 6-7 ans, l'enfant joue peu avec ses copains, mais plutôt à côté d'eux. Une séance de travail avec des CP m'a récemment rappelé cette évidence. J'avais demandé aux enfants de se mettre par deux et d'inventer une petite BD avec une taupe comme héroïne. Chaque duo devait dessiner une planche ; les enfants reviennent… avec deux histoires différentes ! Je leur fais remarquer : "Je ne vous avais pas demandé d'inventer une histoire commune ?" Peine perdue. Ce n'était pas encore le moment pour eux de mettre en commun ce qu'ils avaient dans la tête ! La coopération démarre à petits pas vers 7 ans.

De même, pour les enfants, la loi du nombre n'est pas une notion facile à accepter. Nous aimerions bien, pourtant, que tout le monde en classe soit d'accord lorsque nous proposons atelier peinture ou séance de course. Mais ce n'est pas possible : même si la majorité des enfants est d'accord, il y en aura toujours qui rechignent à suivre le mouvement, à grand renfort de soupirs et de “Pff, ce n’est pas juste, je n’avais pas envie de faire ça, moi.”

C’est justement parce que la coopération n’a rien d’inné qu’il faut l’apprendre à l’école…, et l’apprendre le plus tôt possible ! L’avantage des enfants, encore peu socialisés ? Ils disent tout fort ce qu’ils ressentent. En parlant de leurs émotions, et en continuant à les nommer en gestion de conflits, les enfants restent plus présents à ce qu’ils vivent. Il est donc plus facile de régler un conflit qui les oppose entre eux qu’avec des adultes, qui camouflent souvent leurs véritables sentiments sous des couches de civilité. Ces derniers ont d’autant plus de mal à repérer leurs états émotionnels qu’en se socialisant, ils ont appris à émettre des jugements sur leurs ressentis : “Ce n’est pas bien de se mettre en colère”, “C’est bien de se rebeller”… ou l’inverse !

À l’école, plus l’enfant est habitué tôt à coopérer, à parler de ses émotions, à essayer de dénouer un conflit avec des mots plutôt qu’avec de la violence, plus ces gestes et postures se feront naturellement. Une fois acquis, il en disposera comme il l’entend. Il saura utiliser le vocabulaire qui nomme les émotions. Il s’en servira peut-être moins à certaines périodes de sa vie, par exemple à l’adolescence : son besoin d’appartenance l’éloignera quelque temps de ses ressentis pour lui faire adopter ceux qu’il sied de ressentir pour faire partie de tel ou tel groupe ! Mais il saura les remobiliser plus tard.

3. L'heure de vivre ensemble

Chaque jeudi après-midi, l'école se réunit sur les tapis de la grande salle commune pour deux temps de discussion; le premier (45 minutes) permet de parler de tout ce qui a émaillé la vie des enfants pendant la semaine écoulée et qui mérite qu'on en reparle. Le second temps, d'éducation à la paix (une heure quinze), traite d'un sujet proposé par l'équipe enseignante.

Le bilan de la semaine: le temps de vivre ensemble

En vue de ce moment de bilan, une feuille est affichée dans le hall de l'école; au cours de la semaine, tout enfant qui le souhaite inscrit son prénom pour prendre la parole le jeudi après-midi. Tous les sujets en rapport avec la vie du groupe peuvent être abordés. Exemples pris sur le vif, un jeudi après-midi de février 2014. Un élève intervient pour dire son mécontentement: à chaque fois qu'il rentre de récréation et enlève son manteau, son portemanteau (marqué à son prénom, chaque enfant a le sien) est occupé. Il demande donc aux enfants de faire un effort pour utiliser leur portemanteau plutôt que le sien. Un autre intervient pour signaler que les toilettes (sèches) ne sont pas très propres ces temps-ci; il rappelle aux plus jeunes qu'ils peuvent demander l'aide des maîtresses s'il faut nettoyer les toilettes. Et répète la formule que les enfants ont inventée pour dire que ça ne sent pas bon dans les toilettes sans le dire aussi explicitement (pour ceux que cela gênerait) : "Il faudrait aller cueillir une fleur." Les enseignantes savent alors qu'il est temps de verser quelques gouttes d'essence de menthe dans les toilettes! Une fillette félicite la classe, car elle trouve que pendant le temps de chorale, les élèves ont bien participé. Un autre parle de la répartition de la surface de la cour pour les espaces dédiés au foot.

Ce ne sont pas les maîtresses qui animent ce temps de parole collective, mais les enfants eux-mêmes. Ils fonctionnent alors par binôme: l'un lit la feuille que chacun a pu remplir dans la semaine, et annonce chaque enfant qui prend la parole et le thème abordé. L'autre, armé d'un "dong" (petit instrument de musique utilisé pour faire le silence) interroge ceux qui veulent poser des questions ou proposer des solutions. Il est très étonnant de voir comment un duo peut animer cette séance. J'ai en mémoire l'intervention de deux fillettes de CP. Plutôt discrètes d'ordinaire, elles menèrent la séance tambour battant, sans une seconde d'hésitation... alors que l'une des deux savait tout juste lire. Les enfants qui animent doivent veiller à respecter l'intention de ce temps de vivre ensemble : c'est un temps pour trouver des solutions à nos conflits, et non un temps pour avoir le plaisir de dénoncer. Une subtilité parfois difficile à discerner tant l'envie de dire ce qui ne va pas, seulement pour le plaisir de le dire, est forte ! Rappelons-nous que pour nous aussi, adultes, cette posture est difficile à tenir : nous répétons sept fois une mauvaise nouvelle contre deux à trois fois une belle ou bonne nouvelle...

Durant ce temps, les enfants ont décidé de ne pas nommer les personnes accusées de façon à ne pas les humilier. Cette interdiction, qu'ils se sont eux-mêmes fixée, leur permet de parler des faits et non des personnes. Dans la réalité, c'est leur principale difficulté, mais ils essaient malgré tout de se tenir à ce principe.

Le blabla

C'est aussi un temps inventé par les enfants. Ayant remarqué que certains conflits ne concernaient que deux enfants, ils ont trouvé plus judicieux que ces derniers n'en parlent pas devant le grand groupe, pour que celui qui était "dénoncé" ne se sente pas humilié. Ils ont donc décidé qu'à la fin de chaque temps de vivre ensemble, ils pourraient se lever, et parler seulement avec l'enfant concerné afin de lui dire "J'ai besoin de te dire que j'ai été blessé(e) lorsque..." Pendant ce temps, les autres enfants font "blabla" à voix haute afin de ne pas entendre ceux qui se parlent.

Le temps de partage

Ce jour-là, les enfants savent qu'ils peuvent profiter de ce moment de regroupement pour présenter un objet ou une chose importante pour eux.

4. Le temps d'éducation à la paix

Le projet de l'école s'inspire de la phrase de l'Unesco: "Les guerres prenant naissance dans l'esprit des hommes, c'est dans l'esprit des hommes que doivent être élevées les défenses de la paix." Nous déclinons cet apprentissage autour de trois grands thèmes: être en paix avec soi-même, avec les autres et avec son environnement.

Être en paix avec soi-même

Apprendre à gérer ses émotions

Au travers de jeux de clown ou d'expression corporelle, les enfants apprennent à ressentir leurs émotions et à leur donner des noms. Ainsi, dans la salle de rassemblement, une frise présentant divers visages d'enfant (tour à tour souriant, effrayé, en colère, triste, etc.) aide l'élève à identifier son état émotionnel.

Une fois l'enfant habitué à reconnaître ses états émotionnels, nous lui apprenons à les accepter et à ne pas les juger. Nous expliquons que ce n'est pas le fait de ressentir de la colère, de la tristesse ou de l'humiliation qui pose problème, mais la façon de gérer cette émotion. L'enfant apprend à se responsabiliser face à ce qu'il ressent au travers d'outils. Nous lui proposons des exercices de centrage par la posture corporelle, la respiration, la relaxation.

Le coin du beau

L'enfant peut également aller voir "le coin du beau", un endroit spécial de notre grande salle commune. Y est installée une petite table basse sur laquelle sont posés des objets que les enfants trouvent beaux, qu'ils ont récoltés chez eux ou dans la nature et dont la vue les apaise ou les aide à retrouver la paix en eux. Ils ont en effet repéré que le beau leur faisait du bien. Il y a en ce moment sur cette table un coquillage, un mini-bouquet de fleurs séchées, un morceau de bois qui ressemble à une tête de renard, un tissu africain, une sandale de cuir en taille porte-clés (offerte par une école tunisienne de passage chez nous) et quelques sublimes cailloux. Certains élèves y font un tour régulier, d'autres n'en ont jamais besoin. Ils peuvent également faire un mandala ; ce coloriage d'un dessin de forme ronde est un bon moyen de faire le vide en soi et de se recentrer. Il y a enfin une boîte à soucis, où l'enfant qui le souhaite peut déposer un petit mot où il écrit ce qu'il veut. Cette boîte n'est jamais ouverte. Lorsqu'elle est pleine, nous la brûlons… Un enfant peut s'en servir plusieurs fois dans l'année. Quelquefois, il lui suffit de savoir que cette boîte existe pour s'en trouver soulagé : il sait qu'il y a un endroit dans l'école où déposer ce qui pèse sur lui et éviter que cela l'empêche de travailler.

L'art à l'école

L'éducation à la paix avec soi-même se construit aussi, chaque semaine, au travers des activités artistiques. Pendant ces séances, les enfants prennent le temps de se recentrer, d'exprimer leurs ressentis et d'écouter et nourrir leur imaginaire. En arts plastiques par exemple, les travaux personnels participent à la découverte de soi et d'une intériorité qui va au-delà des mots. En musique, la pratique du chant choral permet d'expérimenter une joie intérieure magnifiée par la résonance et la fusion avec le groupe. Cette expérience est également une magnifique illustration de la richesse de la coopération. Les ateliers de théâtre ou de poésie donnent l'occasion de s'imprégner de belles paroles qui élèvent les consciences et suscitent parfois des idées de débats pour l'atelier philo. Ces ateliers nourrissent aussi l'imaginaire des enfants et les entraînent à l'écoute de soi… et des autres.

Être en paix avec les autres

C'est la partie la plus difficile. Les enfants travaillant en pédagogie de la coopération, ils rencontrent souvent les difficultés dans le lien à l'autre. Chaque semaine, nous partons des difficultés que nous avons observées dans les interactions.

Quelques exercices pour s'entraîner

• Travailler sur les avantages et les inconvénients du groupe

Nous décidons de travailler sur les avantages et les inconvénients du groupe. Au cours des semaines passées, nous avons en effet remarqué quelques mouvements d'humeur lorsque nous informions la classe que tel ou tel événement se déroulait dans la ferme et que ce serait intéressant pour les élèves d'y assister. "Oh, non, je n'ai pas envie de bouger !", râla l'un d'eux ; un autre : "Je peux rester là à lire une BD, plutôt ?" À chaque fois, nous devons rappeler qu'on ne peut pas se couper en deux et que la vie d'une classe exige, parfois, de faire des efforts pour suivre le groupe plutôt que son seul désir.

Pour ce débat, nous avons prévu de faire réfléchir les enfants par groupes de trois-quatre à partir d'une situation concrète de vie collective (le covoiturage, un anniversaire, la récréation, la préparation d'un exposé, etc.). Puis les 35 élèves se réuniront et leurs conclusions seront exposées à tous puis écrites sur une affiche. Les groupes, que nous constituons en mélangeant les plus grands et les plus petits, sont très productifs ; chacun revient avec une dizaine d'items dans chaque colonne. La mise en commun de la récolte s'annonce instructive ! Dans la colonne "Avantages" du groupe, apparaissent entre autres : ça donne confiance d'être à plusieurs ; on apprend à se mettre d'accord ; ça enrichit la pensée ; les autres prennent soin de nous ; avoir un public donne envie de donner le meilleur de soi ; on peut être encouragé par un autre ; on peut discuter ensemble. Dans la colonne "Inconvénients" : on ne choisit pas toujours son partenaire ; on n'aime pas toujours la même chose ; l'autre peut nous gêner par son comportement ; on ne se fait pas toujours écouter ou comprendre, etc. Les enfants se montrent très attentifs. Et le résumé de cette séance étant en permanence affiché dans la salle commune, le groupe pourra à tout moment s'y référer lorsque nous verrons quelques élèves traîner des pieds au moment de suivre une décision prise collectivement.

• Les mots du conflit

N'importe quel adulte en contact quotidien avec les enfants le sait, la journée d'un groupe d'enfants est émaillée de microconflits, d'agacements, de petites phrases maladroites lancées par les uns ou les autres. Il suffit d'un rien, le plus souvent, pour qu'un enfant (com)prenne mal ce que l'autre dit et que la situation s'envenime. Les enfants de l'école ne sont pas très différents des autres, de ce point de vue... Mais pour que justement, ces petites chamailleries ne tournent pas en vrai conflit, nous travaillons beaucoup sur ce qu'ils se disent et sur le sens des mots employés. Nous avons ainsi consacré une séance à explorer les mots du conflit, pour enrichir le vocabulaire de chacun et ne plus confondre une attaque assez banale d'une autre, qui serait majeure. Les enfants ont ainsi établi une gradation des mots du conflit, démarrant de ce qui est moins grave (rapporter, titiller, taquiner, enquiquiner, narguer), plus grave (faire du chantage, se moquer, dénoncer), encore plus grave (voler, accuser, harceler), pour finir par le très grave (humilier, insulter, taper, menacer, racketter). La mise en application de ce nouvel apprentissage ne tarde pas : quelques jours plus tard, en récréation, les enseignantes voient Basile bousculer Victor assez violemment. Les deux enfants viennent s'expliquer devant nous : Basile n'en peut plus d'entendre Victor lui seriner une petite phrase anodine mais un peu moqueuse trente fois par jour. Victor se défend mollement : "Oh, c'était juste pour te taquiner !" Nous lui demandons : "Rappelle-moi, la taquinerie, ça marche comment ? Cela marche lorsque les deux sont d'accord. Si l'un ne l'est plus, ce n'est plus de la taquinerie... Cela porte un autre nom." Comme nous venons de travailler sur les mots du conflit, Victor perçoit très bien la différence entre ce qui est fait avec l'accord de l'autre et reste au niveau de la taquinerie pas bien méchante... et ce qui est fait pour se moquer, voire pour ridiculiser l'autre, et qui peut provoquer de la honte ou de la colère.

• L'échelle de la frustration

Pendant une séance de vivre ensemble, nous avons expérimenté un jeu (cf. chapitre VII, le métier d'élève) qui a fait toucher du doigt aux enfants ce que signifiait la frustration ; ils ont retenu ce que cela provoquait en eux. Nous avons identifié sur une affiche les différents degrés de la frustration, du plus petit au plus haut, qualifié d'énôôôrme. Sur l'autre partie de l'affiche, nous avons listé les activités qui permettaient de faire baisser le degré de frustration, pour que d'énôôôrme, il repasse à un niveau plus acceptable : se dire que ce n'est pas grave, se concentrer sur sa respiration, boire un verre d'eau, aller faire un tour dans la nature, se dire qu'on le fera une autre fois, se défouler, se concentrer sur quelque chose qui fait du bien, accueillir son émotion. Je ne suis pas sûre qu'à la prochaine frustration qu'ils rencontreront, les enfants iront d'emblée puiser dans cette boîte à outils pour faire redescendre leur niveau de frustration. Mais savoir qu'elle existe est déjà un atout précieux...

La médiation par les pairs

Si les élèves ne parviennent pas à démêler leur conflit à deux, nous voudrions qu'ils acquièrent le réflexe de demander l'intervention d'un tiers : c'est le principe même de la médiation par un pair. Les enfants le font de plus en plus, comme je le mesure en les observant dans la cour. De leur côté, les parents signalent que l'habitude est également prise à la maison. Certains suggèrent même à leur enfant d'y avoir recours lorsqu'ils sentent qu'une situation le mérite en cas de conflit avec un frère ou une sœur.

À l'école, tous les enfants suivent une formation à la médiation par les pairs, pour en connaître les bases. Cela n'empêche évidemment pas que certains enfants sont de meilleurs ambassadeurs de paix (comme nous nommons les médiateurs) que d'autres. Ce n'est pas toujours ainsi que la médiation par les pairs se pratique, en école primaire ou au collège. Souvent, seuls les élèves volontaires suivent la formation de médiateurs. Mais cela leur confère une place particulière, pas toujours positive. Certains en tirent une forme de pouvoir sur leurs camarades ; d'autres se font chahuter par les élèves auprès desquels ils étaient intervenus. En formant tous les élèves de l'école, nous évitons ces dérives. Chacun connaissant le protocole, il peut être plus objectif dans le déroulement. Le plus difficile dans la médiation, c'est d'oser reconnaître qu'on en a besoin et la demander. Bien souvent, les adultes attendent le dernier moment pour s'expliquer et se retrouvent quasi contraints à briser le lien. À l'école, nous essayons de transmettre aux enfants la culture de la médiation. Nous espérons en banaliser l'usage afin que dans leur vie d'adultes, ils n'hésitent pas à s'en servir dès que la situation le demandera !

• Quel mode d'emploi pour la médiation ?

Imaginons qu'A et B sont en conflit et n'arrivent pas à trouver une solution qui les satisfasse tous deux. L'un des deux propose de demander à M de les aider et s'assure que ce choix convient à l'autre. Contacté, M vérifie d'abord que les deux partenaires sont d'accord pour qu'il fasse cette médiation. Et à son tour, il s'interroge : "Suis-je capable d'être neutre ?" Une question préalable bien utile, si M est ami avec l'un des deux protagonistes ou s'il a déjà eu, par le passé, des conflits avec A ou B. Ensuite, M vérifie l'intention de chacun. C'est une notion fondamentale, à définir avant de démarrer la médiation pour s'assurer de l'existence d'une intention commune. Dans la plupart des cas, A veut prouver que B a tort et vice versa ; la médiation s'engage mal ! Comme les enfants ont parfois du mal à comprendre cette notion d'intention, à l'école, le médiateur demande : "Vous êtes tous les deux d'accord pour être gagnant/gagnant à la fin de la médiation ?"

• Lever le malentendu

Le déroulement d'une médiation est toujours le même : A prend la parole ; il décrit la situation qui lui pose problème et ce qu'il a ressenti. Par exemple, A se plaint que B ne veuille jamais lui prêter le diabolo avec lequel il joue à chaque récréation. Pour s'assurer qu'il a bien compris, M reformule ce qui a été dit et propose une hypothèse sur l'état émotionnel de A (si ce dernier ne l'a pas évoqué) : "À ta place, je me serais senti blessé que B refuse de prêter un jeu ; c'est ce que tu as ressenti ?" Puis c'est au tour de B de s'expliquer. A et B font reformuler à M tant qu'ils ne sont pas d'accord avec ce que celui-ci dit avoir compris. À la fin de cet échange, dans 90 % des cas, avoir exposé les deux points de vue suffit à lever le "malentendu". B explique : "En fait, je ne te prête pas ce diabolo car mon papi vient de me l'offrir et j'y joue tout le temps." A répond : "Ah bon, je croyais que tu refusais de me le prêter juste pour m'embêter ! Et je n'avais pas fait attention que tu y jouais autant."

• Réparer, s'excuser

Mais lever le malentendu ne suffit pas toujours à apaiser les esprits. Quelquefois, il faut s'excuser. Le médiateur peut le suggérer s'il trouve que l'un des protagonistes devrait le faire, par exemple s'il a insulté un camarade. En général, quand l'un s'excuse, l'autre le fait aussi ! J'aime beaucoup ces moments où les deux enfants reconnaissent, par leurs excuses réciproques, qu'ils ont tous deux leur part dans le conflit. "Prendre sa part" est en effet une valeur essentielle à nos yeux, comme le rappelle l'histoire du colibri (dont l'école porte le nom !). Un jour, ce tout petit oiseau voit sa forêt en proie aux flammes. Il vole vers une rivière voisine et y puise quelques gouttes d'eau dans son minuscule bec, qu'il revient aussitôt verser sur la forêt en feu. Un tatou, qui observait le feu, l'apostrophe : "Tu penses vraiment que tu vas éteindre la forêt avec ces quelques gouttes ?" Et le colibri répond : "Non, mais je fais ma part." Dans un conflit aussi, chaque enfant a sa part de responsabilité. Autant lui apprendre, le plus tôt possible, qu'il est toujours acteur (au moins en partie) de ce qu'il vit, pour éviter qu'il prenne l'habitude d'endosser le statut de victime. Quelquefois, il arrive qu'une seule médiation ne suffise pas, si le problème est récurrent ou s'il s'est enkysté depuis un moment. Dans ce cas, il y aura plusieurs médiations de suite.

Enfin, l'équipe enseignante peut demander une médiation éducative, si nous repérons des actes qui se répètent ou des violences entre deux élèves : "Je vois qu'en récréation, A, tu tapes B. Or, tu n'as pas le droit de taper, c'est la loi de l'école. Je vous impose une médiation à tous deux pour que vous trouviez ensemble une solution à cette situation." L'important à retenir dans ce type de médiation ? C'est l'adulte qui pose l'intention. Il garde intacte sa capacité d'indignation en se rappelant que pour l'enfant qui a vécu une brimade, c'est toujours "grave". Il relève le conflit qu'il a observé, demande un arrêt sur image et propose son aide pour que chacun se sente respecté. Par exemple, s'il observe que A tape B qui se retire sans rien dire, dans son coin, l'enseignant interpelle les deux enfants et impose une médiation.

L'écoute active

Pour faciliter la tâche d'un médiateur, nous lui apprenons les principes de base de l'écoute active :

• Je dis *je*... plutôt que *tu*...

Pour éviter l'effet "dénonciateur" des phrases commençant par *tu*.

• Quand j'écoute l'autre, je me tais avec ma bouche et dans ma tête

Pour cela, il faut identifier puis faire taire les voix off en nous ; ce sont celles qui jugent l'autre, qui interprètent sa parole... ou qui nous font penser à autre chose, par association d'idées, alors que nous devrions être attentifs à ce que l'autre exprime. C'est un apprentissage long et complexe, y compris pour des adultes ! Mais moins nous disons de choses en nous, mieux nous écoutons l'autre. Une méthode pour se taire dans sa tête : se répéter intérieurement ce que l'autre dit. C'est un bon moyen de limiter les mots qui surgissent, volontairement ou non...

• J'envoie des messages d'écoute, je fais des invitations chaleureuses

Ces petits messages ponctuant le discours de l'autre ("Oui, d'accord", "Oui, je comprends") ou l'accueillant ("Et alors ?", "Et pourquoi ?", "Est-ce que tu peux préciser ?") facilitent l'échange.

• J'identifie mon état émotionnel, puis j'émets une hypothèse sur celui de l'autre. Nous apprenons aux enfants à faire attention aux interprétations abusives. Un bon exemple, en classe : l'enfant qui sourit voire qui rigole pendant qu'il se fait gronder. À première vue, c'est une attitude insolente, qui défie l'autorité de l'adulte..., mais il s'agit plus souvent d'un sourire de défense, pour ne pas pleurer devant ses copains. Dans la médiation, les enfants apprennent à proposer une émotion ressentie par l'autre en essayant de se mettre à sa place : c'est l'apprentissage de l'empathie.

Être en paix avec son environnement

Notre école étant au cœur d'un projet en agroécologie, le respect de l'environnement se vit principalement en transversalité. Les enfants suivent le rythme des saisons aussi bien dans leur assiette que dans la cour et dans leur jardin potager. Ils expérimentent que la nature donne, leur fait du bien et qu'ils en ont besoin pour trouver la paix en eux. Les jeux et activités sportives pratiqués en plein air, dans cette nature au milieu de laquelle les élèves grandissent, leur donnent l'occasion de ressentir combien la nature leur est nécessaire. Avec un tel état d'esprit, il leur semble naturel d'en prendre soin. Nous essayons de leur transmettre la philosophie de la simplicité volontaire et de la sobriété heureuse. Nous avons eu la chance d'accueillir une centenaire à l'école qui leur a donné le conseil suivant pour vivre heureux : "Se contenter de ce que l'on a." Ils la citent souvent !

De plus, pour garder un lien direct avec la terre, les enfants ont aussi un rang de potager dont ils s'occupent par groupes de trois ou quatre. Ils doivent arroser et entretenir leur rang de salades, haricots, pommes de terre, etc. Avoir un potager n'est pas "au programme" en primaire..., mais celui-ci est un allié idéal pour parler de la plante (qui, elle, est au programme !). Et grâce à lui, nous faisons comprendre aux enfants que c'est la nature ou la météo qui commandent et non l'emploi du temps de la maîtresse ou notre volonté de semer telle graine à telle date car cela nous arrange par rapport aux vacances prochaines. Devenus adultes, les enfants respecteront la nature, et se rappelleront qu'il faut nourrir la terre.

5. Les élèves de l'école sont-ils des anges ?

Éduquer des enfants de primaire à la paix n'empêche pas quelques (courts) instants de découragement. Nous avons beau leur apprendre à identifier ce qu'ils ressentent, à régler les conflits avec des mots plutôt qu'avec leurs poings, à ne pas laisser les tensions s'accumuler entre eux, la cour de récréation de notre école ressemble, à peu de chose près, à une cour de récréation classique !

Les enfants ont besoin d'expérimenter le juste lien, la juste distance à l'autre. Même si nos élèves se chamaillent presque comme tous les enfants, ils ont acquis des outils qui leur permettront plus tard de mettre un peu de distance entre un événement qui les met en colère et leur réaction. Ils l'ont en eux. Formés à identifier les émotions qu'ils ressentent, ils sont capables de comprendre dans quel état ils se trouvent, face à une situation qui les agresse. Ce savoir les rend capables d'écouter leur raison plutôt que de se laisser déborder par les émotions qui les assaillent.

Un exemple ? Ethan est très doué et a sauté une classe. Mais maintenant qu'il est en CM2, son année d'avance le gêne : il n'est pas très grand et il se fait du souci pour le collège. Les autres se moqueront-ils de sa petite taille ? Comment s'intégrera-t-il ? Son inquiétude, il la masque derrière une façade d'élève sûr de lui, comme si tout ce qu'il faisait lui semblait bien facile. Les autres garçons de CM2 sont agacés par cette assurance et ne se gênent pas pour lui envoyer quelques moqueries : "Tu es une crevette !" Ethan est d'autant plus exaspéré que souvent, quand un conflit l'oppose à un garçon de CM2, deux autres CM2 viennent soutenir leur copain et se liguer contre lui. Un jour, Baptiste, l'un des deux CM2 "de renfort" me demande une gestion de conflit avec Ethan qui a tenu des propos racistes : il l'a traité de noir... De tels propos méritent une petite explication ! Ethan s'explique : "Je voulais faire comprendre à Baptiste ce que ça me fait quand il me répète que je suis petit ; je n'y peux rien si je suis petit !" La discussion s'engage : "Baptiste, tu y peux quelque chose au fait d'être noir ?" "Non. Et d'abord, je ne suis pas noir, je suis marron", répond le garçon. "Ethan, tu y peux quelque chose au fait d'être petit ?" "Non je n'y peux rien." Voilà le conflit réglé. Baptiste a compris qu'il ne devait plus venir chatouiller Ethan sur sa taille, sujet douloureux pour lui. Et Ethan a pris conscience que son attitude supérieure en classe pouvait blesser les élèves d'intelligence normale...

Cette scène aurait pu déraper vers un règlement de comptes autrement plus violent, où l'un réagissait violemment à ce qu'il prenait pour des propos racistes ; et l'autre réagissait par la colère à cette accusation qu'il trouvait injuste. Si le conflit s'est si facilement résolu, c'est que les enfants sont habitués à identifier leurs émotions.

Je le constate souvent en classe ou dans la cour de récréation : les enfants de notre école ne sont pas des anges, mais ils ont une capacité d'autorégulation qui permet que chaque microconflit ne dégénère pas systématiquement en dispute. Cette capacité d'autorégulation se remarque aussi bien chez les élèves très centrés sur eux, qui savent parfois faire preuve d'empathie, que chez les élèves plus discrets, qui sont capables de s'imposer pour ne pas se laisser marcher sur les pieds. Je me souviens en particulier d'Olga, une CM1 en prise avec Ruben, un élève peu réputé pour sa tendresse. Il montrait ouvertement qu'il n'appréciait pas la fillette. Olga ne s'est pas démontée. Elle lui a fait face et a répondu : "On ne te demande pas de m'aimer, mais de me respecter." Un modèle d'affirmation de soi !

VI
L'ATELIER PHILO

1. La place du spirituel dans la vie

Ces dernières décennies, en débarrassant nos vies des valeurs religieuses héritées du passé, que nous considérions comme poussiéreuses, nous avons du même coup évacué le spirituel. Mais c'était excessif… Résultat : le spirituel a déserté notre vie, et nous agissons désormais comme si nous devions ignorer cette dimension. Si jamais nous l'évoquons, quelques sourcils soupçonneux se froncent. C'est pourtant essentiel de prendre soin de notre vie intérieure, de prendre le soin de réfléchir sur soi-même, de considérer attentivement par la vue et la pensée ce qui nous entoure ou ce que nous vivons. En voici un bon exemple : j'emmène régulièrement les élèves regarder la nature (avec 55 hectares autour de l'école et une magnifique vue sur le Vercors, nous ne manquons pas d'espace). Ensemble, nous parlons très librement du bien que cela nous procure, de ce que nous sentons en nous, dans notre corps et notre tête. Mais je fais très attention à mes paroles lorsque je me trouve à l'extérieur de l'école. Il me serait impossible de dire : "Avec les élèves, nous sommes allés contempler la nature" ou "Cette contemplation nous a apaisés", cela prêterait à confusion et des esprits chagrins auraient vite fait de brandir un fantasme assez français en utilisant mal à propos le concept de secte. Cette peur, au départ légitime mais utilisée à tout bout de champ, empêche de parler simplement de choses que nous faisons tous car elles sont essentielles à notre bien-être. Qui pourrait prétendre qu'il n'a pas besoin de se sentir en paix avec lui-même, qui peut vivre sans jamais considérer les questions existentielles, intemporelles du sens de la vie ? Comment fait-on pour être humain sans se poser ces questions ? Chez les enfants, elles sont présentes à tout instant !

De même, le matin, nous avons un temps de recentrage avant de démarrer le travail : pendant une dizaine de minutes, les enfants, assis en tailleur, paupières baissées (quand je dis "Fermez les yeux", ça marche moins bien !), s'apaisent. Je leur dis : "Il y a toujours en vous un endroit intact, tranquille, où il y a de la paix." C'est à cette partie-là d'eux-mêmes qu'ils se connectent avant de travailler ; ou alors, ils se rappellent quelque chose qu'ils ont bien réussi, s'appliquent à ressentir le bien que cela leur a procuré et l'intègrent en eux pour que cet événement positif les accompagne dans les apprentissages. Grâce à ce temps de recentrage, les enfants démarrent leur journée plus sereins, plus concentrés. Ce n'est pas moi qui invente les bienfaits de ce moment particulier. Le psychiatre Christophe André en parle depuis des années : en faisant du positif dans notre cerveau, nous fabriquons de la dopamine, une des hormones du bonheur, donc nous nous faisons du bien. Ce temps de recentrage est donc précieux, mais pour un observateur extérieur, il ressemble à de la méditation… Il n'y aurait qu'un petit pas à franchir pour accuser l'école de dérive sectaire !

En réalité, ce regard n'est suspicieux que parce que le spirituel est devenu un gros mot, aujourd'hui. Le paradoxe, c'est que nous l'avons supprimé de notre vie… et que nous souffrons de son absence. De même que nous souffrons de ne pas oser dire qu'à l'école, cette dimension existe et que les enfants sont des êtres spirituels. Dans les pires moments de ma vie, je savais que c'était à l'école que je me sentirais bien : les enfants ont le don de fabriquer du vivant, du frais, du spirituel, où l'essentiel est là, et est dit. Après la mort de mon compagnon, ils ont été merveilleux de tact et d'attention. Je savais qu'ils m'aideraient à rester dans l'instant présent. Je me souviens d'une réflexion de l'un d'entre eux, quelques mois plus tard ; nous étions assis côte à côte sur le banc, en train de nous chausser pour aller en récréation, et il m'apostrophe : "Au fait, tu t'es trouvé un autre amoureux ?" Pour lui, ma vie avait une suite, alors que je n'arrivais pas encore à accepter un présent douloureux. Sa réaction m'a fait du bien, comme s'il me rappelait qu'un jour j'irais mieux, forcément. Vivre l'instant présent avec les enfants (qui y sont tout le temps) permet d'éviter de se plaindre du passé ou d'avoir peur de l'avenir, alors que le présent est peut-être agréable à vivre. La sagesse des enfants m'a d'abord permis de survivre puis de refaire le choix de vivre.

Dans nos murs, le spirituel prend une forme adaptée aux enfants : je m'appuie entre autres sur un ouvrage intitulé *Calme et attentif comme une grenouille*, un livre d'apprentissage de la méditation avec les enfants d'Éline Snel, préfacé par Christophe André. L'image de la grenouille parle aux enfants : nous sommes comme des grenouilles, toujours en train de sauter partout et d'un coup, stop !, l'enfant doit commander à son corps de ne plus bouger. Le résultat n'est pas gagné. Pour un précoce, par exemple, la tâche est ardue… Un tel enfant est rarement tranquille. C'est anxiogène de comprendre beaucoup de choses, très tôt. Rester immobile l'inquiète : qui suis-je quand je ne bouge pas ?

Cette année, en plus de ces petits exercices, le temps de recentrage s'est ouvert à d'autres disciplines : une fillette nous a appris des positions de yoga. Un garçon nous a enseigné quelques mouvements d'aïkido, un autre des exercices de respiration.

2. Pourquoi un atelier philo dans cette école ?

Faire de la philosophie, c'est apprendre à se questionner ; ainsi, nous élevons les consciences. Le spirituel est un bien précieux que tout le monde a en soi, et qu'ici, nous apprenons à cultiver. L'atelier philo entraîne chaque enfant à puiser ses ressources en lui, à réfléchir par lui-même sans juger ni se sentir jugé, à réaliser que tout le monde n'a pas la même opinion et que personne n'a tort ou raison, à s'enrichir de la réflexion des autres et faire évoluer sa pensée. En plus de cette occasion d'ouvrir son regard, les séances du lundi matin invitent l'enfant à s'impliquer, à prendre sa place dans le groupe. C'est un excellent entraînement pour se construire comme citoyen responsable et pour comprendre la richesse de notre système démocratique.

Ces ateliers philo ne sont pas une nouveauté pour moi ; j'en faisais déjà dans les écoles où j'enseignais dans ma "première" carrière, mais pas régulièrement. Or, pour que ces séances fonctionnent et qu'elles ancrent quelque chose chez l'enfant, elles ont besoin d'être ritualisées. Ici, c'est tous les lundis matin, de 9 heures à 10 heures. La première année, il faut accepter de "perdre son temps" pendant deux ou trois mois. C'est sur la longueur qu'on obtient des résultats ; il faut au préalable que les enfants apprennent ce processus puis qu'ils vérifient que leur parole n'est jamais jugée par l'enseignant.

Comment choisit-on le sujet ? Tout nous inspire : nos propres questions, celles des enfants, une citation, l'actualité, etc. Il fut un temps où je lisais un conte pour "lancer" le débat. Mais j'ai arrêté. Il nous a semblé que ce principe freinait la réflexion des élèves, dont les propos restaient liés au conte. Avec l'expérience, nous avons appris à ne pas nous brider dans le choix des thèmes proposés : même lorsque nous visons haut, les enfants sont inspirés. Je dirais même que si nous leur proposons un sujet un peu trop basique, ils vont vite en faire le tour et sécher. Je me souviens d'une institutrice de Clis (classe pour l'inclusion scolaire, permettant à des élèves handicapés de suivre une scolarité) ; elle était convaincue qu'il valait mieux viser trop haut. Les élèves retiendront toujours quelque chose, alors qu'ils râlent si l'enseignant vise trop bas.

En début d'atelier philo, nous ne savons pas où nous désirons emmener les enfants. D'ailleurs, nous ne les emmenons nulle part... puisque seuls les enfants prennent la parole !

3. Le déroulement d'une séance

Lundi matin, 9 heures. Toute l'école est assise dans la salle commune sur des tapis de gym, le dos appuyé contre le mur ou à d'ingénieux petits fauteuils. Au milieu du groupe, une bougie est allumée pour rappeler à tous que la parole est sacrée. Puis je rappelle la consigne. Ici, il n'y a pas de vérité ; personne ne dit des choses bêtes. On s'écoute les uns les autres sans juger ce qui se dit ; on a le droit de dire quelque chose et de changer d'opinion au fil du débat. Si on prend la parole, c'est qu'on a quelque chose d'important à dire aux autres. Si l'on vient partager sa pensée, c'est pour la questionner ou l'offrir aux autres, elle est donc forcément respectueuse. Avant de prendre la parole, il faut préparer ce qu'on va dire dans sa tête. Lorsque celui qui parle dit "J'ai fini de parler", les autres font "aho" pour signifier qu'ils ont écouté. Enfin, il n'y a pas d'obligation de venir parler, on s'engage juste à écouter. C'est d'ailleurs un aspect très important dans ce temps de groupe : apprendre à écouter la pensée de l'autre ouvre mon esprit à plus de tolérance.

Par contre, tous les CM2 doivent intervenir au moins une fois, pour s'entraîner à la prise de parole devant un groupe qui sera demandée au collège. C'est vrai, l'exercice impressionne les enfants qui n'ont pas l'habitude. Certains ont envie de faire une intervention parfaite, percutante, au point qu'ils prennent peu la parole. D'autres s'emparent du bâton de parole sans bien avoir préparé ce qu'ils vont dire. Il arrive qu'un enfant qui lève le bras depuis un moment doive patienter un peu avant de parler ; lorsque arrive son tour, panique, il a oublié ce qu'il voulait dire ! Les pensées sont volatiles...

Quelques sujets suggérés par les enfants...

- Faut-il vivre un drame dans sa vie pour être heureux ?
- Ce qui ne dépend pas de nous
- À quoi ça sert de se faire peur ?
- Qu'est-ce qu'une chochotte ?
- Qu'est-ce qui se passe dans notre tête quand on fait des bêtises ?

– Peut-on penser à quelque chose d'inconnu ?
– Comment affronter les incertitudes ?
– Pourquoi, parfois, on a peur de choisir ?
– Obliger, est-ce que c'est bien ?

... Et quelques verbatims

Un jour, l'école débattit du texte de Khalil Gibran, *Vos enfants ne sont pas vos enfants* ; en voici un extrait...

– On appartient à la nature, et les parents s'occupent de nous jusqu'à ce qu'on soit assez grand pour partir.

– L'archer, la flèche et l'arc : le parent est l'arc et donne l'élan pour que l'enfant parte dans la vie. Et le destin, c'est l'archer qui donne la force aux parents.

– La flèche, c'est l'enfant. C'est lui qui décide s'il veut partir ou non et où il veut aller...

– La flèche va d'abord prendre du temps pour savoir où elle va aller. Vers 18 ans, on peut choisir où aller.

– C'est l'archer qui positionne l'arc, mais le but de l'archer, c'est que l'arc aide la flèche à aller vers la cible, vers son destin.

– L'archer aide les parents à savoir comment tendre l'arc ; ils ne trouvent pas toujours la force de suite.

– L'archer, c'est comme le grand-père ou la grand-mère : on est d'abord flèche, puis arc, puis archer.

– Dans notre vie, on passe par les trois étapes.

"Pourquoi y a-t-il des chefs en récréation ?"

– Ce n'est pas très utile, qu'il y ait un chef.

– Ça devrait savoir faire quoi, un bon chef ?

– Moi, j'aime bien quand il y a un chef. Les chefs sont des gens qui ont des idées ; et moi, j'en ai peu.

– Pour être un bon chef, il faut avoir des idées, savoir comment les mettre en route et écouter les autres.

“Quand on aime quelqu’un, pourquoi on n’ose pas lui dire ?”

– On a peur de la réaction de l’autre.

– Parfois, on est timide.

– On a le trac de ce que vont dire les autres, et un peu peur qu’ils se moquent si la fille dit non.

– On ne sait pas trop pourquoi on est amoureux de quelqu’un.

– On n’ose pas le lui dire car c’est une partie fragile en nous ; on ne prend pas le risque que l’autre dise non, pour ne pas être blessé.

– On n’a pas peur de dire à ses parents qu’on les aime.

– On a peur de ne pas savoir le dire, du coup, on ne le dit pas.

– Quand on dit à quelqu’un qu’on l’aime, on a peur qu’après, il ne veuille plus jouer avec nous comme avant.

– Quelquefois, on fait semblant d’être seulement amis… C’est notre façon d’être en lien sans dire à l’autre qu’on l’aime.

4. Quelle posture pour l'adulte ?

Pendant l'atelier philo, je me contente de lancer la première question, puis de noter ce qui se dit. Les seules interventions que je m'autorise, c'est pour faire reformuler une phrase à un élève, lorsque je ne suis pas sûre d'avoir bien compris ce que je dois noter. Cette posture en retrait est indispensable car dès que l'enseignant parle, il a forcément raison aux yeux des enfants. Donc aucun adulte n'intervient dans l'atelier pour que les enfants soient en confiance et intègrent que personne ne juge ou évalue leurs propos.

Il ne faut pas s'inquiéter du contenu. En huit ans d'ateliers philo, il n'y a jamais eu de séance où un enfant soit venu dire quelque chose d'intolérant ou d'incorrect sans qu'un autre vienne réguler ses propos. Il faut leur faire confiance, ils font fonctionner leur intelligence et restent vigilants.

Ces ateliers font progresser les enfants..., mais ils nous font également réfléchir à notre pratique, y compris sur des sujets où nous ne pensions pas devoir nous questionner. Il y a peu de temps, pendant l'atelier philo, les enfants ont voulu débattre de l'identité de genre. Aborder ce thème nous a obligés à regarder comment nous en parlions. Il m'arrive ainsi d'interpeller les joueurs de foot, dans la cour, par ces mots : "Les garçons qui jouent au football, j'ai quelque chose à vous dire..." Une petite fille de la classe a rectifié avec le sourire : "Tu devrais dire « Les enfants qui jouent au football », car l'équipe compte souvent une fille !" Ils ont aussi repéré que le fait qu'en grammaire, le masculin l'emporte sur le féminin ne simplifie pas les choses...

5. Sujets pour petits, sujets pour grands

Il y a deux ans, une élève de CM2 est venue me dire : "J'ai un sujet, mais il ne concernerait pas les petits ; c'est sur l'addiction à la cigarette." Elle avait raison, c'était un bon sujet ; nous sommes donc convenues d'organiser un atelier philo pour les grands. Comme ils étaient fiers d'avoir "leur" atelier ! C'est resté dans les mémoires puisque de temps à autre, un grand me signale : "C'est bien de ne faire des choses qu'entre grands, par moments."

Le jour de l'atelier sur l'addiction, les enfants m'ont épatée. À 10 ans, ils sont capables de dire pourquoi il ne faut pas fumer, et pourquoi ils allaient sans doute s'y mettre quand même. "Si les copains vont dehors pour fumer et que tu ne fumes pas, tu passes pour un imbécile ; alors tu vas dehors et si tu ne fumes pas, tu passes toujours pour un imbécile, alors tu fumes pour qu'ils restent tes copains." Ils avaient tout compris du besoin d'appartenance, et ils savaient également qu'il y avait des produits dans la cigarette qui font qu'on s'y habitue et qu'il devient difficile de s'arrêter. Nous avons demandé : "Mais alors, puisqu'on sait que cela tue, pourquoi le fait-on quand même ?" Ils ont répondu que c'était une question d'image : fumer, cela faisait crâneur et si un copain le fait, on est tenté de faire pareil pour rester son ami. J'ose croire que des adolescents qui auraient un tel espace pour en parler seraient plus libres pour se positionner.

6. Philosopher après le primaire ?

S'il y avait de tels ateliers au collège, nous ferions des adolescents heureux ! L'idéal ? Qu'ils aient commencé en primaire, pour que cette pratique soit banalisée et que les collégiens se trouvent désinhibés. Avec l'arrivée dans l'adolescence, les professeurs ne manqueraient pas de sujets : le besoin d'appartenance (abordé il y a quelques lignes), le sentiment de différence, le besoin de différence, l'addiction, les relations garçons/filles. Dans une conférence, Philippe Meirieu avait dit, mi-sérieux : "Je parie que si je vais dans la classe de 3e la pire de France, que je m'assois à une table et que je déclare : « Je me demande s'il est possible d'avoir un lien d'amitié entre un garçon et une fille ou si c'est vraiment impossible, parce que forcément sexuel », j'obtiendrai le silence en trois secondes !" Il y a quantité de sujets qu'on n'ose pas ou qu'on ne sait pas aborder avec les adolescents..., si bien que personne n'en parle, alors qu'il s'agit de sujets essentiels pour eux. Par exemple, les cours d'éducation sexuelle : je me souviens de l'un de mes fils, en 3e, revenant du collège : "Au fait, aujourd'hui, on a appris à mettre un préservatif." Je lui réponds : "C'est intéressant ! Et on vous a parlé de la relation amoureuse, du lien à l'autre ?" Mon fils : "Non. L'intervention d'aujourd'hui, c'était pour savoir comment se protéger du sida." Un peu dépitée, je rajoute : "L'intervenant vous a au moins appris que la capote permet d'éviter la grossesse, à quel moment de son cycle une jeune fille peut tomber enceinte..." "Mais on n'a pas parlé de cela, ce n'était pas le sujet !" Voilà à quoi se résume l'éducation sexuelle : un cours pour que les garçons deviennent de bons techniciens de la capote. Le lien à l'autre, la seule chose qui les intéresse vraiment (et dont ils ne peuvent pas trouver de mode d'emploi sur Internet) n'est même pas évoqué. Chacun d'entre nous a besoin de se questionner sur l'art de la rencontre, sur le besoin de s'ouvrir à l'autre et sur les peurs que cela engendre. S'il n'y a pas d'espace pour en parler au collège, comment se questionner et trouver des réponses constructives ? Cela devrait figurer au programme du collège !

7. La vie, la mort, les grandes questions…

L'école devrait être le lieu où parler des choses de la vie. C'était le cas dans les écoles privées catholiques où j'ai travaillé : le quotidien des enfants alimentait des discussions en classe sur les grandes questions que sont la vie, la mort, etc. Je suis ravie d'y avoir appris à gérer ces grandes questions. Dès qu'un événement arrivait – en particulier la mort d'un très proche – l'école s'arrêtait et tout le monde faisait un temps de prière, de réflexion ; et nous en parlions en classe. Nous osions parler de la mort !

Pour montrer jusqu'où va la séparation de l'Église et de l'État, dans les écoles publiques, personne n'en parle… Ce n'est pas dans les programmes ? Certes. Mais pourquoi un tel déni ? Les enfants ont besoin de trouver du sens aux événements heureux ou douloureux qu'ils vivent. Si l'éducatif n'est pas capable de se saisir d'un événement de la "vraie vie" pour en faire sens, alors l'école ne sert à rien. Un exemple ? Quand Théo, mon beau-fils, était en 5e, l'un de ses camarades de classe se tue en mobylette ; mon compagnon va à l'enterrement avec son fils. Puis les cours reprennent. Le soir, persuadés que le sujet avait été abordé en classe, nous lui demandons : "Alors, comment s'est passée ta journée ?" "Rien de spécial. Personne n'en a parlé. Il y a même un professeur qui n'était pas au courant ; quand il a fait l'appel, il a demandé où était notre copain. Il n'y a que la prof d'espagnol qui nous en a parlé et qui a pleuré avec nous ; mais c'est bizarre, parce qu'il ne faisait pas espagnol…" J'étais outrée. Dans les écoles privées où j'ai enseigné, quand un événement pareil se produisait, il n'était jamais passé sous silence. J'ai le souvenir d'un petit garçon qui avait perdu sa mère. Nous avons allumé une bougie, nous avons pensé très fort à ce garçon en deuil pour lui faire du bien. On ne peut rien faire d'autre que de penser à lui et de prendre soin de lui lorsqu'il revient à l'école. Les autres enfants, face à un drame pareil, se disent : "Si ce copain a perdu sa mère, je pourrais perdre la mienne." Donc ils ont besoin d'en parler pour évacuer leur angoisse : ils grandissent dans un monde coloré en rose, un monde idéal dans lequel on meurt très vieux, quand on a fini de vivre. Et là, d'un coup, leur innocence s'effondre.

Mourir mériterait donc qu'on s'arrête un moment pour en parler ensemble... Théo, du haut de ses 13 ans, a conclu : "Tu vois, dans ce collège, même quand on meurt, les adultes s'en foutent." Pour se saisir de ce que le quotidien offre comme occasion de donner du sens et d'éclairer l'enfant, il n'y a pas besoin d'attendre un événement aussi dramatique. En voici un autre exemple : le même Théo est maintenant en 4e, en cours d'histoire-géographie. Le professeur rend les copies d'un contrôle et un élève obtient une mauvaise note. Très en colère, il écrit sur un mot : "Si vous trouvez le prof éclaté en bas des escaliers, il ne faudra pas vous étonner, ce sera moi." Il signe, complète le tout de croix gammées et fait passer le mot. Tout le monde rigole... jusqu'à ce que l'enseignant intercepte le mot. Le soir, mon beau-fils nous dit : "C'est pénible, on a un devoir à faire : pourquoi c'est mal d'inscrire des croix gammées sur un mot ?" Nous en débattons avec lui : pourquoi ne peut-on pas écrire un mot orné d'une croix gammée ? Pourquoi est-ce choquant qu'un jeune le fasse ? De quoi la croix gammée est-elle le symbole ? Le lien entre ce dessin et le nazisme n'était manifestement pas très clair dans la tête de l'adolescent vexé par sa mauvaise note. Nous discutons de la menace de mort pour lui faire saisir que c'est disproportionné, puis du sens des croix gammées. Et dans son carnet de liaison, nous écrivons un petit mot au professeur d'histoire en lui demandant de prévoir un cours sur les croix gammées et le nazisme. Théo prépare son devoir ; il y passe du temps et le résultat est plein de finesse. Il rend sa copie puis le temps passe. Nous lui demandons : "Vous a-t-on reparlé de cours sur le nazisme ?" Pas de nouvelle. Un peu plus tard, mon compagnon rencontre le professeur d'histoire ; ils reparlent du devoir collectif sur les croix gammées. A-t-il corrigé les copies ? Il répond : "Ah non, je ne les ai jamais lues." Et le cours sur le nazisme ? "Désolé, mais ce n'est pas au programme de 4e." Quel gâchis. C'était le moment ou jamais de sauter sur l'occasion... Comment en sommes-nous arrivés à déconnecter à ce point l'école de la vie ? Par volonté de respecter la liberté individuelle ? Par désir de montrer combien l'Église et l'État sont séparés ? Par respect aveugle des directives du ministère ? Par peur d'oser une réponse personnelle, non dictée par le rectorat ? Ou par déresponsabilisation ?

VII
LE MÉTIER D'ÉLÈVE

1. La posture d'élève

Être élève demande une posture particulière. L'enfant qui vient à l'école doit accepter les règles qu'il découvre : la vie de groupe et les contraintes qui l'accompagnent, la présence d'adultes autres que ses parents qui vont devenir co-éducateurs… et des activités qu'il n'a pas choisies. En effet, il n'est pas capable, surtout après 7 ans et face à des apprentissages abstraits, de savoir ce dont il aura besoin adulte, car il n'en a pas l'expérience. L'enseignant doit donc proposer des activités en lien avec ce qu'il pense être important à apprendre pour devenir un adulte responsable et heureux. C'est une responsabilité de taille, dans notre société en pleine évolution ! Bien sûr, l'enfant sera accompagné et aura le plus souvent possible son mot à dire. Bien sûr, les adultes seront à l'écoute de ses demandes et de ses besoins. Je reste cependant convaincue que l'enfant ne peut pas savoir ce dont un adulte a besoin exactement et qu'il n'est pas juste de le lui laisser croire.

2. L'acte d'apprendre, par nature inconfortable

Tout individu qui apprend passe obligatoirement du statut "inconsciemment incompétent" à "inconsciemment compétent". Ce changement se fait en quatre étapes, qu'il faut connaître pour comprendre ce qui se passe à l'intérieur de l'élève.

Première étape : il est inconsciemment incompétent

Avant d'apprendre une leçon, par exemple la conjugaison à l'imparfait ou la découverte de la fraction, l'élève ne sait pas qu'il ne sait pas. Sa relative ignorance n'est pas source d'angoisse puisqu'il n'a pas identifié l'étendue de ce qu'il ignore.

Deuxième étape : il devient consciemment incompétent

Il découvre les subtilités de l'imparfait ou des fractions. Mesurant l'effort qu'il doit fournir, mesurant ce qu'il ne savait pas qu'il ne savait pas et ne le comprenant pas encore, l'angoisse peut l'envahir : va-t-il y arriver ? Va-t-il comprendre en même temps que les autres ? Est-il sûr d'avoir compris ce qu'il fallait comprendre ? A-t-il pris les bons repères ? Face à ces questions douloureuses, il risque de mettre en place diverses stratégies d'évitement : "La conjugaison ? Ça ne sert à rien ; ce n'est pas grave si je ne comprends pas, je peux m'en passer !" Ou bien "Les maths, ce n'est pas mon truc. De toute façon, je ne m'en servirai pas plus tard, je ne veux pas être prof de maths." Ou encore : "Je ne vais pas écouter ; comme ça, si je ne comprends pas, ce sera parce que je n'aurai pas écouté et pas parce que je suis nul." À cette étape, l'enseignant doit faire preuve de bienveillance pour rassurer l'enfant. Ce dernier a juste besoin d'être soutenu, car il a peur d'être vu n'y arrivant pas et risque de laisser tomber ou de ne pas oser se lancer. En général, cette posture bienveillante permet à l'enfant de prendre le risque de l'essai/erreur. Parfois, si l'enfant s'inhibe ou fuit l'apprentissage, il faudra l'accompagner en lui donnant la dose de fermeté bienveillante, qui lui dit : "J'y crois à ta place ; vas-y, essaie ! Je pense que tu vas y arriver." C'est un moment de grande fragilité pour l'enfant. Il n'a pas besoin d'être grondé. Cela pourrait même le fermer à l'acte d'apprendre, un acte libre, que personne ne peut lui imposer : l'enfant est le seul à pouvoir décider s'il va, ou non, (ap)prendre. Par contre, une attitude exigeante parce que confiante dans sa capacité à réussir étaie celui qui n'ose plus essayer et prendre le risque de ne pas réussir tout de suite.

Cette attitude de repli devant la difficulté n'est pas spécifique à l'enfant. Nous, adultes, ne faisons pas différemment quand, inscrits à une activité, au cours de modern jazz par exemple, nous nous trouvons quantité d'excuses pour décrocher au lieu de reconnaître que ce n'est pas facile : "Il est bien, ce cours mais il est un peu trop loin/trop cher/trop tôt." La différence entre l'élève et nous ? À l'école, il ne peut pas dire : "J'arrête !" et trouver des prétextes pour fuir.

Pour bien comprendre ce mécanisme, je conseille aux enseignants de se mettre régulièrement en posture d'apprendre quelque chose de nouveau, afin qu'ils conscientisent ces étapes d'apprentissage, le déséquilibre qu'elles créent, la nécessité de la bienveillance et la force qu'elle procure.

Troisième étape : l'élève devient consciemment compétent.
Le savoir vient tout juste de rentrer, il n'est pas encore profondément ancré ni automatisé. Arrivés à cette étape, nous avons besoin de nous répéter les procédures pour être sûrs de les appliquer correctement. Par exemple, les premiers jours après avoir obtenu le permis de conduire, nous répétions à chaque créneau : jeter un œil dans le rétroviseur, mettre le clignotant, etc. En classe, l'enfant de CM1 fait la même chose au moment d'une dictée. Quand il relit la phrase qu'il vient d'écrire, il la commente dans sa tête : "Une phrase commence toujours par une majuscule et se finit par un point. Est-ce que les deux y sont ? Maintenant, je cherche le verbe ; à quel temps est-il ? Et qui fait l'action ? C'est au singulier ou au pluriel ?", etc. L'élève doit consolider sans cesse les nouveaux acquis en vérifiant la procédure. C'est ce qu'on appelle le dialogue pédagogique. À cette étape, il doit pouvoir se référer à la règle ou à

un pense-bête lui rappelant la démarche afin que celle-ci s'inscrive par répétition. Cela évite à l'enfant d'intégrer une donnée fausse, par exemple une mauvaise orthographe qui lui fera se demander toute sa vie s'il faut un ou deux *r* à "courir" !

Quatrième étape : l'élève devient inconsciemment compétent.
Le savoir est désormais si connu que l'élève n'a plus besoin de réfléchir à ce qu'il fait pour bien faire. Regarder dans le rétroviseur, commencer une phrase par une majuscule ou mettre "ent" à un verbe à la troisième personne du pluriel sont devenus des gestes intégrés.

3. La période des 7 ans : adieu la petite enfance…

L'enfant de CP arrive à un tournant de sa vie : il va avoir 7 ans. Il entre dans l'âge de raison, et perd du même coup sa casquette de "petit". Il n'a pas envie de perdre les avantages rattachés à ce statut, ce cocon aimant dans lequel il baigne depuis sa naissance. Le voilà pris en sandwich entre deux désirs ambivalents : rester petit et attendrir les plus grands ? Ou grandir, gagner en liberté mais devoir se responsabiliser ?

Comment comprendre que quand je suis en CP, les grands de CM2 me trouvent mignon et que cela ne fonctionne plus l'année suivante ? Comment comprendre les adultes qui me trouvaient drôle l'année dernière et me disent désormais : "Ça suffit, tu es trop grand" ? Que s'est-il passé ?

Certains enfants ont du mal à acquérir cette maturité liée au cap des 7 ans. Il faut alors les accompagner avec bienveillance et fermeté, en leur assurant qu'il y a du gain à grandir et que nous savons qu'ils le trouveront. Il faut leur donner confiance. Quitter ce qu'on connaît est toujours un moment périlleux… Je me souviens d'un petit garçon qui démarrait tout juste son CP ; sa mère restait à la maison avec le bébé qui venait de naître. Ce garçon vivait un dilemme compliqué : je ne suis plus un bébé. Le positif ? Je suis plus libre, plus responsable, plus apte à donner mon avis et je vais sûrement découvrir des choses passionnantes. Le négatif : je dois abandonner une part de la sécurité bienveillante inhérente à la vie de tout-petit dépendant. Et accepter que ma petite sœur, elle, en ait encore besoin et reste à la maison avec ma maman !

4. Apprendre à demander

Chaque élève a des besoins différents et l'enseignant ne peut pas les deviner. L'un des apprentissages essentiels de l'école élémentaire est d'aider l'enfant à nommer ses besoins, son besoin d'aide en particulier. Mais demander est un acte difficile : il sous-entend que nous sommes vulnérables. Or, notre mental nous a appris à gérer les manques en nous faisant croire que nous n'avions pas de besoins. C'est pour cela qu'il n'est pas simple de demander : tant que nous n'avons pas pris conscience de notre besoin, il n'est pas facile de le nommer ! C'est la limite de mon aide en classe : si l'enfant ne me demande rien, je ne peux pas deviner qu'il est en difficulté, à moins qu'il le manifeste par son comportement (il est contrarié, il semble attendre de l'aide). En classe, je répète aux élèves : "Vous devez apprendre à oser demander. La seule chose sur laquelle je vous gronderai, c'est que vous ne veniez pas me demander !" S'ils ne le font pas, ce n'est en général pas parce qu'ils sont intimidés par l'adulte mais par peur que les autres enfants voient qu'ils en ont besoin, donc qu'ils ne savent pas faire. C'est cette fragilité dont les adultes doivent prendre soin ; il suffit de se rappeler combien demander nous est parfois pénible pour éprouver de l'empathie envers les élèves.

C'est un paradoxe de l'école : l'enfant doit oser montrer à ses pairs qu'il ne sait pas mais c'est douloureux pour lui de montrer sans cesse ses zones de fragilité ! C'est là où la pédagogie bienveillante ouvre des portes. À l'école, les enfants ont l'habitude de partager leurs essais/erreurs ; et les ateliers philosophiques ouvrent à cette tolérance.

Parfois, l'élève croit que chercher une solution se résume à se fondre dans la demande de l'adulte, si bien qu'il ignore ses besoins. Ce phénomène alarmant, je l'ai trop souvent observé avec les étudiants de master lorsque j'étais formatrice à Lyon. Face à une problématique, ils mettaient toute leur énergie à dire ce que l'institution souhaitait entendre. J'avais beaucoup de mal à les faire parler à partir d'eux-mêmes, comme s'ils ne savaient pas – voire qu'il ne fallait pas ! – penser librement. C'est un écueil attristant de notre système scolaire.

Apprendre à demander se travaille aussi en transversalité, au travers de l'écoute active (cf. chapitre V). Ainsi, en médiation, l'enfant apprend à nommer ses besoins et à formuler des demandes. Celles-ci sont d'ordre relationnel, mais c'est la même démarche de conscientisation.

5. Les intelligences multiples de l'enfant

Dans notre tête d'ex-écolier, un élève intelligent est celui qui est fort en maths et en français. Les autres enfants repartent souvent avec la conviction qu'ils sont “nuls”. L'école se penche en effet très peu sur le reste des talents de l'enfant. Et pourtant, nous savons tous qu'être bon en maths et en français ne suffit pas pour être un adulte autonome et heureux ! Le psychologue du développement Howard Gardner l'avait bien compris, lui qui a défini les intelligences multiples. Nous utilisons cette grille de lecture avec les enfants, principalement pour les aider à retrouver l'estime d'eux-mêmes. Ils en ont besoin, car les travaux en coopération génèrent inévitablement des comparaisons ; et nous gardons tous le souvenir d'un copain de classe qui brillait dans toutes les matières. Sa réussite suscitait de la convoitise, un sentiment bien peu confortable. Lorsque je sens qu'un enfant se décourage et semble affecté par la réussite de l'autre, je l'emmène devant le tableau des formes d'intelligence et je lui fais chercher là où il a particulièrement du talent. Petit à petit, il cesse de se recroqueviller sur lui et regagne en assurance. Il est prêt à essayer de nouveau à apprendre.

Voici les intelligences multiples rapidement décrites :

L'intelligence linguistique

L'enfant sait bien lire, bien s'exprimer ; il aime lire, écrire, utilise les bons mots lorsqu'il fait une phrase. Il aime la grammaire, la conjugaison, jouer avec les mots.

L'intelligence logico-mathématique

L'enfant sait calculer, mesurer, jouer avec les nombres ; il est à l'aise avec les exercices de logique, les sudokus, les échecs.

L'intelligence kinesthésique

L'enfant aime le sport, la gymnastique, les acrobaties et les activités manuelles. Il est souple, fort, et agile. Il anticipe bien la charge musculaire nécessaire au geste qu'il va accomplir.

L'intelligence visuo-spatiale

L'enfant aime les activités artistiques et l'art en général. Il peint, dessine, réalise des maquettes, voit en 3D et se repère bien dans l'espace.

L'intelligence naturaliste

L'enfant sait observer et respecter la nature. Être dehors lui fait du bien, et il aime jouer avec et dans la nature, s'occuper d'animaux. Il a la main verte.

L'intelligence musicale

L'enfant joue d'un instrument ; il aime chanter, jouer avec les sons, écouter de la musique ou rythmer.

L'intelligence interpersonnelle

L'enfant sait jouer avec les autres, coopérer, les aider et/ou les respecter. Il est bien dans un groupe ; il est juste, bon joueur et capable d'écouter.

L'intelligence intrapersonnelle

L'enfant sait bien gérer ses émotions ; il prend soin de lui, fait attention à ce qu'il fait, sait s'accepter, se respecter et est à l'écoute de lui-même. Il sait nommer ses besoins.

6. Enfant reposé, élève disposé

Quand on demande aux parents quel est le meilleur outil pour que l'enfant réussisse à l'école, ils citent des qualités précieuses..., mais spontanément, très peu parlent du sommeil. Or, dix heures de sommeil par nuit, c'est l'ingrédient de base d'une scolarité tranquille. Si je le souligne, c'est parce que le manque de sommeil chez les enfants devient un souci récurrent, en classe puis plus tard, au collège et au lycée. Les rythmes scolaires actuels n'aident pas à instaurer une routine profitable à l'équilibre de l'enfant : quatre jours de classe par semaine, cela permet de se coucher plus tard le mardi, le vendredi, le samedi et parfois même le dimanche, pour les familles qui ont un peu chargé le programme du week-end et qui reviennent tard. La réforme des rythmes scolaires, en revenant à cinq jours de classe, permettra peut-être de réguler l'heure du coucher du lundi au vendredi. Mais il reste le week-end. Les parents ne devraient pas modifier le rythme de sommeil de l'enfant, même en fin de semaine. Peu de parents semblent conscients de l'impossibilité pour nous, enseignants, de faire travailler un enfant en manque de sommeil. De plus, ils pénalisent leurs enfants car pendant les heures de sommeil, le cerveau trie, classe, range et aide à mémoriser les nouvelles données acquises durant la journée. À l'école, c'est une limite sur laquelle nous n'avons aucune prise ; elle appartient complètement à la famille. Je note que depuis quelques années, la matinée du lundi est très calme..., trop calme ! De nombreux enfants récupèrent de la fatigue du week-end.

Si l'enfant n'a pas son comptant de sommeil, il n'arrivera pas à mettre sa casquette d'élève. Il le fera d'autant moins qu'à 7-10 ans, il n'est pas un expert de la grasse matinée, donc un lever tardif ne compensera pas un coucher tardif : en effet, trois de ses quatre horloges internes (dont celle qui produit le cortisol, une hormone qui atteint un pic au moment du réveil – c'est cela qui le réveille !) vont provoquer un réveil à l'heure habituelle où se lève l'enfant. Ensuite, la qualité du sommeil n'est pas la même selon que l'on s'endort à 21 heures ou à minuit : une nuit de sommeil se compose de plusieurs cycles d'environ une heure trente chacun. C'est pendant la phase de sommeil très profond, en tout début de cycle, qu'est produite l'hormone de croissance dont le rôle est fondamental pour les défenses immunitaires et la croissance. Ce sommeil disparaît en milieu de nuit. À partir de ce moment, le sommeil paradoxal va prendre le relais. C'est celui qui permet d'intégrer tous les apprentissages nouveaux qu'on est en train de faire. Il est encore très long en fin de nuit, d'où l'importance de faire en sorte que les enfants se réveillent le plus spontanément possible. Par ailleurs, la qualité de l'endormissement est liée au fait que celui-ci doit se faire dans l'obscurité ; il faut donc éviter tout écran trente minutes avant cet endormissement, car ceux-ci renvoient un flux lumineux qui empêche l'horloge principale d'envoyer les messages nécessaires à leur mise en route aux horloges qui sont autour d'elle, dont celle de l'endormissement (qui s'appelle la mélatonine).

7. Prendre sa place en tant qu'élève

Pour que le groupe classe fonctionne, que chacun trouve sa place et que les enfants cohabitent correctement, il faut un minimum d'apprentissages. Lorsque les enfants échangent leurs stratégies mentales, il faut qu'ils aient appris la coopération. Mais elle n'est pas innée : souvent, il faut la suggérer pour que l'enfant y pense. Je fais le même constat lorsque je travaille avec des adultes pendant un stage sur la coopération.

Un exemple ? Le jeu des souris amoureuses. Un chat doit croquer les souris ; s'il les attrape, elles sont prises et ne peuvent plus jouer. Mais si au moment où le chat les attrape, elles se mettent par deux, ce dernier – attendri – ne les mange pas. Dans un premier temps, les joueurs se dirigent vers une autre souris lorsqu'ils se sentent en danger, mais le chat arrive à attraper beaucoup de souris. Puis je leur propose de refaire une partie en allant vers une souris en danger pour l'aider : le chat a alors beaucoup plus de difficulté à croquer les souris. Ce jeu montre que dans un premier temps, on se sauve soi-même en allant vers une autre souris, et que la posture coopérative demande une anticipation : c'est en allant aider celui qui est en danger que le groupe se protège du chat. Coopérer demande donc la prise en compte de l'autre pour l'avantage de tous.

À l'école, nous avons considéré que la coopération demandait un apprentissage. Pour cela, nous utilisons les jeux coopératifs ; ce sont des situations ludiques qui permettent d'intégrer des fonctionnements favorisant la coopération. Chaque jeu est suivi d'un temps d'échange pour que les enfants mettent en mots les comportements efficaces qui seront ensuite au service de leur travail en groupe. Voici quelques exemples de jeux permettant de prendre sa place :

"Et ça, vous savez le faire ?"

Les enfants se tiennent en rond ; à tour de rôle, chacun se lève, va au milieu et dit : "Et ça, vous savez le faire ?" en faisant une grimace, une marche bizarre, une posture rigolote. Les autres disent “Facile!” et l’imitent. C’est un jeu très drôle! Les enfants timorés se montrent parfois très facétieux… Ce jeu les oblige à oser: quand vient leur tour, ils sont obligés de proposer une posture. Comme elle peut être très simple, il n’est plus question de réussir ou de rater, il suffit de se lancer.

Le petit bâton sur la tête

C’est un jeu pour apprendre à tenir compte de l’autre. Chacun pose un petit bâton (qui symbolise un moteur) sur sa tête. Quand le moteur tombe par terre, c’est la panne: l’enfant ne peut plus bouger. Mais un autre enfant peut venir ramasser son moteur et lui remettre sur la tête. Quelques-uns se bousculent pour faire tomber leur moteur… alors que si tout le monde s’entraide, il n’y a aucun perdant et le jeu peut continuer indéfiniment!

Le conducteur

C’est un jeu idéal pour apprendre à faire confiance et à être digne de la confiance que l’autre nous accorde. Il se joue à deux: l’un fait le conducteur, l’autre la voiture. Le joueur qui fait la voiture ferme les yeux. Le conducteur se trouve derrière la voiture et le tient par les épaules; quand il pousse en avant, la voiture démarre; s’il tire en arrière, la voiture s’arrête; il appuie sur l’épaule gauche pour aller à gauche, etc. C’est aussi important de conduire en prenant soin de l’autre que de se faire conduire et d’accorder sa confiance à l’autre. Ce jeu permet d’aborder la notion de confiance: on peut se faire confiance pour ce jeu-là quand on conduit, et à l’autre lorsqu’il conduit. La confiance n’est pas absolue, mais accordée pour une action précise.

L’iceberg et les pingouins

On découpe des icebergs dans du papier journal et on les pose au sol. Les enfants s’installent dessus. L’été arrive et les icebergs fondent, donc rétrécissent. Spontanément, face à l’enfant qui se retrouve les pieds dans l’eau, ses copains (au sec) disent: “Perdu!” À cette étape, il est visible que la coopération n'est pas innée : naturellement, l'enfant se protège avant de penser à sauver les autres. On rajoute alors une consigne : "Dans ce jeu, il ne doit pas y avoir de perdant". Le groupe est obligé d'apprendre à coopérer et à s'entraider.

Le tapis volant

Un petit groupe est assis sur un tapis ; on raconte que c'est un tapis volant. Les voilà dans le ciel, à plusieurs centaines de mètres de hauteur. Mais panne de moteur ! Vite, il faut retourner le tapis de l'autre côté sinon tout le monde va tomber dans le vide. Comment faire ? Si les enfants "descendent" (sortent) du tapis, ils tombent. Ils doivent donc se mettre d'accord sur une stratégie et vérifier si elle fonctionne ; en fait, il faut vriller le tissu et le faire passer par-dessous, pour que chacun se lève et se rassoie de l'autre côté. Très vite, les enfants comprennent qu'ils doivent s'accorder sur une stratégie commune puis la tester.

Le crayon magique

Un crayon est attaché à 12 ficelles ; les 12 enfants qui jouent ont chacun une ficelle en main et se tiennent autour du crayon central. L'objectif : dessiner sur une feuille scotchée sur la table. Mais ce jeu ne peut marcher que si les enfants se coordonnent... et choisissent un coordinateur. Lequel demande au groupe : "Que voulez-vous dessiner : un escargot, Un soleil ? Un chapeau ?" Quand le groupe s'est mis d'accord, il décide du moment où tout le monde se lance. Un jour, avec un groupe d'adultes, j'ai vu un groupe se choisir un directeur artistique et un directeur exécutif, qui coordonne le projet et dit : "Attention, on part de mon côté... Hop, tout le monde lève le crayon !" Si chaque dessinateur s'exprime et pose des questions, le jeu ne génère pas de frustration dans le groupe. En revanche, il permet aux enfants de prendre conscience de deux choses essentielles : d'abord, un projet commun exige un coordinateur. Appelez-le responsable, facilitateur, comme vous voudrez, mais un projet ne peut pas avancer sans quelqu'un pour donner l'impulsion, pour recentrer les informations. Cela ne signifie pas que le groupe va toujours désigner le même responsable, ou qu'il aura confiance en lui pour n'importe quel autre projet. Mais pour ce projet-là, le groupe s'accorde à lui reconnaître une compétence. Deuxième leçon importante : être facilitateur nécessite des qualités que tout le monde ne possède pas. Cet individu s'engage, s'expose. Il accepte les "honneurs" de la fonction mais en endosse aussi la responsabilité. Il a des qualités de stratège, une bonne vision de la globalité, un esprit de synthèse et sait écouter. Il est capable de parler au nom de plusieurs, il sollicite ceux qui vont l'aider à exécuter la tâche pour vérifier s'ils sont en accord et s'enrichir de leurs idées et remarques. Il est capable de dire ce qui ne va pas pour la tâche à accomplir car il supporte d'être moins aimé par son entourage même si ce qu'il doit dire est désagréable. Les enfants perçoivent bien que celui qui a peur d'être méchant, qui n'ose pas s'imposer, endossera difficilement cet habit. Mais ils découvrent également qu'ils ont en eux des qualités précieuses : l'école ne les prend pas toujours en compte et pourtant, elles sont essentielles dans le quotidien avec les autres. L'enfant débrouillard, qui sait écouter, partager, fédérer et se positionner fermement si nécessaire possède une intelligence interpersonnelle dont tout le groupe va bénéficier ! Cette compétence-là, tout le monde ne l'a pas... et elle ne s'acquiert pas facilement.

8. Existir dans un groupe : ni trop, ni trop peu…

En classe, nous repérons en premier ceux qui extériorisent leur difficulté à prendre en compte les autres : ils râlent et refusent plus ou moins les propositions faites au groupe. Dans un récent atelier de vivre ensemble, nous avons décidé de faire travailler les élèves sur la frustration. Nous avions identifié plusieurs enfants qui avaient du mal à gérer ce sentiment d'injustice fréquemment vécu en groupe. Par exemple, nous faisons un atelier sur la fabrication du fromage et un enfant rouspète car ses parents en font et il connaît tout cela par cœur. Nous expliquons qu'appartenir à un groupe engendre des désagréments, mais qu'il peut apprendre à les gérer correctement. Au final, il a reconnu qu'il pourrait nous enrichir de ses connaissances car le fromage des Amanins ne se fabrique pas tout à fait de la même façon que celui de ses parents. Accepter les contraintes inhérentes à toute activité collective est une problématique centrale dans la vie d'une classe. C'est pour cela que nous tenions à faire travailler les enfants sur la gestion de la frustration. Nous avons proposé un jeu coopératif pendant lequel nous interrogions souvent la même élève ; puis nous avons recommencé un autre jeu, un peu sur le même principe, pour voir comment chacun gérait sa frustration. Les CM2 (dont certains ont tendance à abuser de leur pouvoir en prenant la parole sans cesse) ont commencé à se désintéresser du jeu. "Il n'est pas très marrant, ce jeu…" À la fin du second temps de jeu, nous avons expliqué aux élèves ce que nous voulions observer ; et nous avons demandé aux élèves ce qu'ils ont ressenti. Adèle, une CP facile à vivre et plutôt discrète d'habitude, explose : "Vous n'avez interrogé aucun CP ; c'est trop injuste !" Beaucoup d'élèves ont reconnu qu'ils s'étaient sentis frustrés et en colère. Mais les CM2 jouèrent les blasés : "Non, de toute façon, Isabelle n'interroge que des filles" ou : "Non, ça ne nous a pas frustrés, de toute façon, il était plutôt ennuyant, ce jeu"… Mais leurs expressions et leur visage fermé disaient à peu près l'inverse ! Ensuite, nous avons dessiné un tableau de graduation de la frustration, entre celui qui ne réagit jamais et celui qui se met en colère à la première frustration. Les enfants sont partis en petits groupes chercher comment gérer correctement leur frustration afin de la vivre le mieux possible. Ils ont listé de nombreuses idées, depuis "Je ferai autre chose que je préfère une autre fois", "Je peux me recentrer en respirant calmement" jusqu'à "Je me recentre dans l'intérêt du groupe, j'accepte la situation." La séance a beaucoup éclairé ceux qui ne réagissent jamais, qui répondent : "Non, ce n'est pas grave, ça ne me gêne pas" quand quelque chose se passe mal entre élèves. Ces enfants-là ne sont pas gênants pour le groupe, car ils sont discrets. Ils ont mesuré que ne jamais réagir reflétait un manque de désir, qu'ils se niaient eux-mêmes et qu'alors, ils n'enrichissaient pas le groupe. C'est l'occasion pour eux d'apprendre à écouter leurs besoins : ils doivent oser signaler lorsque la situation ne leur convient pas. Et cette petite élève de CP en est un bel exemple. Elle n'a jamais posé aucun problème dans le vivre ensemble. Mais cette fois, tant d'injustice l'a révoltée. Et elle a osé le dire !

À l'école, les enfants apprennent à prendre leur place, par les ateliers philo et les séances de vivre ensemble. Les discrets vont apprendre à oser ; et les enfants très centrés sur eux vont apprendre à voir l'autre et à accepter de ne pas être le premier ou le seul à répondre, à monter sur scène, à faire l'expérience proposée à toute la classe, etc. Cet apprentissage essentiel ne se fait pas en un jour… En classe, nous devons sans cesse mettre l'accent sur cette question, car ce travail n'est pas naturel. D'ailleurs, nous aussi, enseignants, devons être vigilants sur ce sujet. Nous savons bien que les élèves perturbateurs ou ceux qui veulent toujours être interrogés mobilisent notre attention, la parole et quelquefois une grande partie de notre énergie. Ce n'est pas une répartition très démocratique : les élèves discrets ou plus timides, eux aussi, réclament notre attention… Il nous faut sans cesse gérer la place que les élèves très "présents" prennent en classe et vérifier qu'ils n'écrasent pas les autres. Ainsi, je ne donne pas la parole en début d'exercice à l'élève qui voudrait toujours être le seul à répondre. Le connaissant, je sais que dans cinq minutes, je vais de nouveau le voir s'agiter sur sa chaise, bras levé, criant "Moi, moi, moi, je sais !" ; je laisse aux plus réservés le temps dont ils ont besoin.

9. Un élève capable de s'autoévaluer

Une fois par trimestre, l'enfant s'autoévalue avant que nous remplissions son bulletin scolaire. C'est un excellent exercice pour son intelligence intrapersonnelle, de lui-même à lui-même. Sur une feuille, sont inscrites une douzaine de compétences transversales, à la fois scolaires, sociales, interpersonnelles, etc. Par exemple, mon matériel est disponible et en bon état, je respecte les autres enfants, je respecte les règles de vie de l'école, je lève le doigt pour prendre la parole, je sais m'autodiscipliner quand l'enseignant s'éloigne, je demande de l'aide quand je suis en difficulté, j'écoute les consignes orales, j'écoute et je participe dans les temps collectifs, je joue correctement en récréation, je fais correctement mon cartable et je n'oublie rien, je sais apprendre mes leçons, je travaille à la vitesse demandée par l'enseignant. En face de chaque item, il y a deux cases, une pour l'enfant, l'autre pour l'enseignant. Selon la façon dont il s'évalue, l'enfant met un feu vert (il estime que son comportement est correct), un feu bleu (il estime que son comportement est correct mais qu'il doit encore s'affiner), un feu orange (il estime qu'il doit être plus vigilant sur ce point) ou rouge (il estime qu'il doit arrêter son comportement inadéquat et en changer). Il peut très bien avoir un feu vert sur l'item "J'écoute et je participe dans les temps collectifs" même s'il ne parle pas beaucoup. En atelier philo, certains enfants boivent les paroles de ceux qui parlent, lèvent leur doigt... puis le baissent aussitôt. Ils n'osent pas encore sauter le pas et prendre la parole, mais ils sont si attentifs qu'ils méritent un feu vert. Dans un premier temps, donc, l'enfant s'évalue. À la fin de ce bilan, il rajoute deux phrases : "Je suis fier de moi en... (ou pour...)" et "Je vais essayer de faire des progrès en ..." L'enfant doit trouver des choses très factuelles, comme faire des progrès pour ne plus râler en sport, oser parler en grand groupe. Puis c'est à notre tour d'évaluer les compétences. Nous cachons la colonne de petits ronds de couleur que vient de remplir l'enfant pour ne pas nous laisser influencer par son jugement. Certains enfants (en difficulté, avec une estime de soi fragile) se jugent en effet très sévèrement. Quand nous rendons le bulletin, nous commentons les résultats avec chaque élève, notamment les décalages d'évaluation surprenants entre lui et nous. Nous pouvons également rendre les bulletins à 2 ou 3 enfants ensemble, s'il s'agit d'un groupe souvent repris ensemble sur les mêmes événements (incidents en récréation, opposants en classe, etc.).

10. Avec ou sans notes?

Ce système de notation par feux de couleurs donne à l'enfant une vision synthétique de son travail: il sait où il réussit, où il lui reste des progrès à faire, où il a besoin de réviser. Le système de notation plus classique fait que l'enfant se concentre uniquement sur le résultat ("J'ai eu 14 en maths!") ou sur la compétition ("J'ai plus que mon voisin en français, moins que lui en sport") et perd de vue l'essentiel.

Les feux de couleur permettent aussi d'envoyer un message à l'élève, sans pour cela lui mettre une note médiocre, qui le blesserait peut-être. Un exemple: une élève de CM1 réussissait très bien, mais ne s'appliquait pas beaucoup pour apprendre ses poésies et ses rôles au théâtre. Il aurait été injuste de lui mettre une mauvaise note; elle ne la méritait pas. Mais il nous fallait l'aiguillonner pour lui signifier qu'elle pouvait faire mieux. Il a suffi de deux feux bleus pour qu'elle le comprenne. Elle s'est remise sérieusement au travail.

Dans les petites classes, la note n'est absolument pas nécessaire mais les CM2, qui iront bientôt au collège, doivent s'y habituer. Je leur apprends qu'il faut "gagner des points", donc commencer par ce qu'on sait faire pour ne pas se décourager. Ils sont notés dans quelques matières après les vacances de février. Une chose m'étonne chaque année: ces enfants, qui ont fait toute leur scolarité ici et n'ont jamais été confrontés à une note, adorent les notes. Ils se retrouvent dès le premier devoir en compétition les uns avec les autres! Ils se comparent et prennent ce résultat comme le reflet précis de leur valeur... Il nous faut leur expliquer que c'est une erreur, qu'une note ne résume pas la valeur de quelqu'un. S'il faut trouver un bon côté, signalons que les notes jouent un rôle de "carotte" pour les élèves et stimulent leur envie de faire le mieux possible.

Mais pour l'enseignant, donner une note est un exercice compliqué... et pas toujours juste. En orthographe, la note est particulièrement malvenue: que penser d'un élève qui faisait trente fautes en début d'année et n'en fait plus que dix en fin d'année? On lui dira qu'il a progressé alors que sa note restera zéro... pendant qu'on félicitera un autre, qui sera passé de cinq à trois fautes. Albert Jacquard aimait dire qu'il trouvait les nombres si précieux qu'il ne comprenait pas qu'on les utilise pour dire des réalités aussi fausses au travers des notes. C'est un constat que je fais au quotidien. Et pourtant en France, on s'accroche à la note ! Il suffit d'avoir essayé d'écrire une évaluation d'histoire pour mesurer combien il est difficile de rédiger les questions sans induire les réponses. En outre, l'enfant peut donner une réponse cohérente avec la question mais qui ne correspond pas avec la réponse qu'on attendait... Comment noter ? Autre exemple : dois-je noter une enquête de maths selon le raisonnement ? Les différents calculs ? Ou uniquement selon le résultat final ? Ces trois options sont justes mais le principal étant que l'élève progresse, il est plus judicieux de pointer son erreur et de lui apprendre à ne plus la faire. À mes yeux, la note donne donc une information trompeuse, qui n'a aucun sens. En primaire, elle n'existe d'ailleurs pas dans beaucoup de pays.

Au début de ma carrière, nous travaillions la pédagogie par objectif et avions beaucoup réfléchi autour de la notation. Nous avions établi le constat suivant : une notion est considérée comme acquise lorsque l'enfant la réussit à 80 %. J'ai gardé cet outil : le feu vert correspond à 80 % de réussite, donc à une notion acquise. Le feu bleu correspond à 70 % de réussite, donc à une notion pas encore intégrée mais comprise ; le feu orange signifie que l'enfant doit revoir la notion. Nous n'utilisons jamais de feux rouges sur les évaluations de compétences. Si un élève doit échouer, nous l'avons observé en amont ; il est inutile de le décourager en le confrontant à une notion que nous savons déjà qu'il ne comprend pas. Nous lui proposons de la remédiation et l'évaluerons quand nous l'estimerons prêt.

11. L'effet d'émulation

L'être humain apprend beaucoup par imitation. C'est un excellent système d'apprentissage mais il peut générer de la comparaison puis de la compétition entre celui qui montre et celui qui apprend, ou entre ceux qui apprennent en même temps. Ce n'est ni bien ni mal, c'est ainsi. Au départ, la compétition présente un effet d'émulation positif. Nous avons tous fait l'expérience en classe d'un collégien qui fait un exposé en début d'année. Il ne s'est pas tué à la tâche mais si le professeur juge son travail correct, les autres élèves se calent sur ce degré d'exigence et se contenteront de fournir le strict minimum. Si en revanche, le professeur lui dit : "Je te connais, tu aurais pu faire mieux, non ?", les autres élèves comprennent le message et vont travailler davantage, pour être à la hauteur du niveau demandé. Quand l'émulation stimule et incite chacun à aller chercher le meilleur de soi-même, elle est bénéfique. Mais le problème survient ensuite, si l'on nourrit le sentiment de rivalité en faisant remarquer : "Tu es moins fort/meilleur qu'un tel." Se comparer sans cesse à l'autre peut générer de la souffrance et du conflit : qui a plus ? Qui a moins ? Qui est mieux ? Qui est moins bien ? Je perçois cette souffrance chez certains de mes élèves qui ont dû mal vivre la comparaison en famille face à leurs grands frères/grandes sœurs. Se sentant humiliés, ils en gardent une susceptibilité.

Lorsque j'emploie le terme de "rivalité", le mot est peut-être excessif ; je devrais dire que nous sommes jaloux les uns des autres. Mais nous avons du mal à reconnaître que nous éprouvons de la jalousie ! J'emploierais donc le terme de convoitise, mieux toléré car moins stigmatisant. Les animaux, eux, sont bien plus tranquilles : ils ne se comparent pas entre eux. Si l'écureuil a un tas de noisettes à grignoter, il se moque que son voisin écureuil en ait davantage. J'aime bien cette histoire made in Canada, qui illustre ce piège de la comparaison. Un trappeur arrive au Canada. Il se dit : "Il faut que je coupe du bois pour me chauffer cet hiver", mais il ne sait pas trop à quoi ressemble l'hiver au Canada. Il voit un Indien couper du bois ; alors, il se met à couper du bois. L'Indien continue à couper du bois. Le trappeur se dit: "Bon, il va m'en falloir encore plus" et l'imite. L'Indien coupe – encore! – du bois. Et ainsi de suite, jusqu'au moment où le trappeur s'approche de l'Indien et lui demande: "Je vous vois couper tout ce bois. Ce doit être parce que l'hiver va être rude?" Et l'Indien répond: "Quand homme blanc couper du bois, Indien couper du bois"...

Cette soif de la comparaison ne doit pas être blâmée; elle est un moteur essentiel de l'humanité: comme nous sommes des êtres d'imitation, nous voulons toujours faire mieux que notre voisin, nos parents, notre maître. Ce désir de faire mieux que nos parents (si nous avons été heureux, enfants) ou de faire autrement (si nous aurions pu l'être davantage) nous met en mouvement, dans le bon sens du terme. Mais la soif de comparaison devient encombrante lorsque nous mettons toute notre énergie vitale à être au-dessus des autres. La démarche est vaine: chaque chemin de vie est unique, donc par nature différent de celui du voisin. Mais le sujet est délicat car notre société a du mal à penser la différence sans penser la hiérarchie. Résultat? Elle ne cesse de transformer les différences en inégalités. D'où la supériorité de l'homme sur la femme, de l'ingénieur sur le manuel, etc. C'est une vision étroite, qui nie la complémentarité! Le bleu, par exemple, n'est pas mieux que le rouge; il est différent et c'est cela qui rend ces deux couleurs intéressantes. Pour parvenir à se libérer de cette course à la comparaison qui finit toujours par déterminer que X est mieux que Y, il faudrait s'habituer à remplacer "mieux" par "pas pareil". Oui, X n'est pas pareil à Y et c'est cela qui est formidable; X peut développer son potentiel en tel domaine et Y en tel autre. Et chacun pourra profiter des richesses de l'autre sans s'en trouver dévalorisé.

12. La dimension affective chez l'écolier

En classe, l'enfant travaille souvent pour faire plaisir à la maîtresse. Certains – surtout les plus jeunes – guettent sans cesse l'approbation de la maîtresse. Je pense à l'un d'eux en particulier, un petit garçon en difficulté. En début d'année, lorsque je regardais ce qu'il faisait, il me demandait : "Tu es contente de moi ?" Depuis peu, je me réjouis de l'entendre dire, un grand sourire sur les lèvres : "Ah, je suis content de moi, là !" Il faut accepter que l'enfant s'appuie sur cette dimension affective pour entrer dans les apprentissages. Peu à peu, il faudra l'amener à apprendre à travailler pour lui tout seul et pas pour faire plaisir à la maîtresse ou à papa/maman. Certains gardent longtemps un rapport très affectif au travail, d'autres s'en dégagent plus vite. L'essentiel, pour l'adulte (enseignant ou parent), c'est de ne pas voler sa réussite à un enfant. Imaginons un enfant très fort en classe, avec un parent qui n'a jamais fait d'études. Ce parent sans diplôme, qui a la blessure du nul (expliquée au chapitre IX), voudrait que son fils/sa fille fasse de hautes études pour réparer sa propre blessure et pouvoir dire : "Mon enfant fait de brillantes études, c'est bien la preuve que je suis un bon parent." Et alors, l'enfant ne réussit plus pour lui, mais pour son parent. Mais ce n'est pas motivant de réussir pour un autre, si bien que l'enfant peut s'arrêter de travailler, voire rater volontairement, pour se "venger" qu'on lui vole sa réussite.

Revenons à la dimension affective ; il est préférable que l'élève apprécie son enseignant. Il sera davantage enclin à fournir l'effort que ce dernier lui demande. Mais ce n'est pas systématique : il arrive que l'enfant n'accroche pas avec son enseignant, que ce dernier ne parvienne pas à créer de connivence entre l'élève et lui. C'est ainsi..., mais cela ne devrait pas empêcher l'élève de respecter cet enseignant, et de se mettre au travail. Aux Amanins, c'est justement pour donner une seconde chance à l'élève que nous accueillons chaque année des enseignants stagiaires ; étudiants en master, ils permettent aux enfants de bénéficier d'un autre adulte à côté des maîtresses "officielles", ce qui multiplie les chances de trouver dans ce groupe d'enseignants un adulte avec qui tisser des liens privilégiés.

13. Quand la communication est difficile avec un enfant

Dans une classe, il y a toujours des élèves qui n'adorent pas leur enseignant... et quelques enfants avec lesquels le courant passe difficilement. Chaque semaine, cette question est travaillée en équipe lors de notre réunion de supervision du mercredi. Nous parlons de nos ressentis et cherchons à comprendre de quoi ils parlent. Quand nous décrivons une difficulté relationnelle avec un enfant, nous demandons aux autres adultes de l'équipe s'ils ressentent la même chose. Si ce n'est pas le cas, et que la réaction de l'une de nous est donc identifiée comme excessive, c'est que cet enfant nous touche personnellement. Cela peut être le cas avec un très bon élève ou avec un élève en difficulté. Sans que nous sachions bien pourquoi, ces enfants bousculent quelque chose en nous, qu'il faut aller visiter pour rétablir une relation plus fluide... Sinon, nous allons adopter un comportement jugeant et souvent humiliant envers cet enfant. Je me souviens d'une élève que j'ai eue quand j'exerçais encore dans une école privée près de Lyon. Elle n'était ni très jolie ni très vive et j'avais du mal à entrer en lien avec elle. Pourquoi "ça" ne prenait pas entre elle et moi, alors que j'aime transmettre et que cette fillette qui abordait difficilement les apprentissages aurait pu me donner envie de relever un défi ? Après introspection, j'ai identifié que cette petite fille me faisait probablement penser à une part de moi que j'aime peu (une enfant mollassonne) et dont j'ai souffert, petite. À l'inverse, un élève trop différent de l'enfant que j'étais peut également venir bousculer l'adulte que je suis devenue : "Cet enfant-là se plaint toute la journée alors que petite, je n'ai jamais eu le droit de me plaindre !"

Ces enfants avec qui la relation est un peu rugueuse ou difficile obligent à revisiter l'enfant que nous avons été, et à aimer en soi cette fillette ou ce garçon blessé(e). En étant plus apaisés avec nous-mêmes, nous devenons plus accueillants avec l'enfant qui titille cette part de nous que nous aimons si peu. Ici, il est question de l'art d'apprivoiser la rencontre et l'apprentissage de l'amour de l'autre qui passe d'abord par l'amour de soi-même. Il me semble important d'aimer les élèves, c'est-à-dire de les respecter pour la belle personne qu'ils ont en eux. Je crois toujours en leur éducabilité, c'est-à-dire en leur capacité d'évolution positive.

VIII

L'ENFANT QUI N'APPREND PAS COMME LES AUTRES

1. Même pour l'enfant qui a des facilités, apprendre est toujours un enjeu

Les parents dont l'enfant réussit bien en classe ont sûrement entendu un jour un professeur dire : "Ah si je n'avais que des élèves comme votre fils/votre fille, ce serait un régal..." C'est vrai, les enfants qui participent, aiment apprendre et se sentent bien en classe sont gratifiants pour un enseignant. Mais ces enfants-là seraient bons sans moi et le resteraient probablement quel que soit leur enseignant ! Il est évidemment nécessaire de les accompagner à se dépasser pour qu'ils puissent être fiers d'eux et progresser au plus haut de ce qu'ils peuvent être, mais pour moi la tâche est facile : il suffit de nourrir et préserver chez eux la flamme de l'envie et du plaisir que procure l'acte d'apprendre.

Cela ne les empêche pas, comme les autres enfants, d'être eux aussi confrontés à des obstacles : ils devront apprendre à travailler et à mettre la barre un peu plus haut, pour ceux qui obtiennent de bons résultats sans jamais fournir beaucoup d'effort. D'autres devront apprendre, à l'inverse, à se montrer moins exigeants envers eux-mêmes et à descendre la barre de quelques centimètres... Une famille l'a vécu avec Tom, son fils de 8 ans. C'est un garçon très doué, qui arrive en CE1 après avoir sauté le CP. En ce mois de février, les parents souhaitent nous rencontrer pour faire le point sur leur fils, qu'ils sentent inquiet depuis quelques semaines. Tom a du mal avec la technique de la multiplication : "C'est la première fois de sa vie qu'il est confronté à une difficulté", confie sa mère. Et la première fois de sa vie où l'on se trouve confronté à ses propres limites est toujours douloureuse. Tom confirme ; oui, ses débuts à l'école n'ont pas été faciles : "J'avais peur de ne pas m'intégrer, peur de ne pas arriver à apprendre la leçon sur les hommes préhistoriques. Je n'avais jamais appris de leçon, jusque-là." Cette inquiétude ne se voyait pas en classe. Tom paraissait si sérieux, si à l'aise que nous n'avons pas mesuré les efforts qu'il faisait pour s'adapter. Mais depuis une quinzaine de jours, nous percevons bien son malaise. Pendant la réunion avec ses parents, je lui dis : "Quand j'ai voulu t'aider, ces jours-ci, j'ai l'impression que cela t'affolait, qu'on doive t'apprendre et te réexpliquer quelque chose." Tom acquiesce. Son père lui demande : "Sais-tu à quel moment tu peux demander de l'aide ?" Tom ne sait pas bien. Je reprends : "Tu as tout autant que les autres élèves le droit d'aller voir la maîtresse, même si certains ont plus besoin d'elle que toi !" Mais finalement, cet obstacle sur lequel Tom a buté est une chance, et il a besoin de l'entendre : "Ce qui vient de se produire est un cadeau pour toi car tu as appris à demander. Tu vas te souvenir qu'un jour, tu n'as pas su faire quelque chose, tu as demandé de l'aide et après t'être entraîné, tu es arrivé à faire cet exercice que tu n'arrivais pas à faire. Retiens une chose, Tom : tu n'y arrives pas ? Tu demandes de l'aide. À la maison ou à l'école."

J'insiste toujours auprès des familles : il est aussi compliqué de baisser la barre que de la monter un peu. Si l'enfant se met sans cesse la barre trop haut, il est malheureux : à chaque fois qu'il rencontre une difficulté, il trébuche et perd l'estime de lui-même. Accepter de ne pas savoir, de différer sa compréhension alors que d'ordinaire, on comprend tout de suite n'est pas forcément un défi plus simple que celui auquel fait face l'enfant en difficulté. Cet élève habituellement rapide a souvent du mal à accepter les apprentissages répétitifs, car il aime découvrir et déteste répéter. Mais comme tous, il a besoin d'exercices d'ancrage pour intégrer le savoir ou la méthode sur le long terme. Par contre, quand son plaisir d'apprendre est satisfait, il manifeste un plaisir visible à dévorer les savoirs !

Mon quotidien, c'est d'emmener mes élèves le plus haut qu'ils peuvent, quels qu'ils soient, les très forts comme ceux qui peinent. C'est pour ces derniers que je me sens faite. Ils obligent à décortiquer, point par point, ce que nous transmettons en classe. Avec ces enfants, il faut sans cesse être dans l'innovation pédagogique et se questionner, y compris sur des sujets où l'on ne s'était jamais posé de question. Je dis souvent aux élèves qui ne comprennent pas quelque chose que ce n'est pas eux qui ont mal compris, que je suis une "machine à expliquer" et que c'est moi qui n'ai pas (encore !) trouvé le bon chemin pour leur apporter cet apprentissage. J'endosse la responsabilité de leur difficulté pour les empêcher de se croire nuls.

2. Apprendre : comment ça marche ?

Pour arriver au cerveau, une information emprunte trois voies différentes : visuelle, auditive ou kinesthésique. Tout le monde privilégie une voie d'apprentissage mais pour autant, les autres existent aussi et doivent être sollicitées. Pour être sûre de faire progresser l'élève, j'utilise tous les "canaux" d'apprentissage possibles : le visuel, l'auditif, le tactile, le corporel. Le plus souvent l'enfant choisira spontanément celui qui lui est le plus naturel, le plus efficace. Dans d'autres cas, nous lui en proposerons un, jusqu'à ce qu'il trouve celui qui lui facilite le plus l'entrée dans l'apprentissage.

Quand nous démarrons l'apprentissage de la lecture, j'écris toujours les sons de la même couleur (dans le cas où l'enfant est visuel, et sensible aux changements de couleur) et chaque son est associé à un geste, pour que l'élève kinesthésique, qui associe un apprentissage avec un mouvement, se sente à l'aise. Je m'appuie notamment sur la méthode Borel-Maisonny, un ensemble de gestes destiné initialement aux enfants sourds mais qui est aujourd'hui repris par les orthophonistes en contact avec des élèves qui ont des difficultés d'apprentissage. Cette méthode utilise le canal corporel et se compose de gestes symboliques utilisés au cours de l'apprentissage de la lecture ; il y a un geste par son (et non par graphie) et le geste est en rapport avec la manière dont "sonne" ce son. Par exemple, pour le *o*, l'enfant fait un petit rond avec son pouce et son index; pour le son [on], l'enfant fait le même geste, mais le colle à son nez, pour montrer que le son provient du nez. Ces gestes permettent de fixer rapidement la mémoire des formes graphiques et des sons qui en découlent. Par ailleurs, le geste est très précieux pour les enfants qui présentent des troubles de mémorisation. Grâce à cette méthode, le phonème (ce que j'entends) n'est plus un élément sonore isolé ; il a en plus une image visuelle et kinesthésique qui facilite à la fois la mémorisation mais aussi, par la suite, la relation qui s'établit entre phonème (ce que j'entends) et graphème (ce que je vois). Dans la classe des CP, CE1 et CM2, sur le mur près des élèves les plus jeunes, un alphabet des sons et des gestes est affiché. Chaque enfant qui en a besoin peut se lever et vérifier sur l'affiche à quels son et geste correspond la lettre qui lui pose problème. Chaque son est aussi illustré visuellement sur un support réunissant graphie et phonème. De plus, si un élève a besoin d'une rééducation chez une orthophoniste en cours de CP, il connaît déjà l'outil et progressera plus vite.

L'apprentissage de la lecture passera bien sûr aussi par la découverte et la lecture d'histoires qui intéressent les enfants. Ils inventeront aussi des histoires qui parlent souvent de ce qu'ils vivent. La perception kinesthésique – ici émotionnelle – leur permet d'y injecter du sens et les motive.

3. L'enfant en difficulté

Chaque enfant qui arrive dans l'école est un nouveau défi pour l'enseignante que je suis : comment va-t-il réfléchir, comprendre, travailler ? Sur quoi va-t-il buter ? Ces questions se posent pour chaque enfant, mais de façon encore plus accrue avec un enfant qui n'apprend pas comme les autres. Celui-ci a impérativement besoin que je fasse preuve d'inventivité pour trouver le chemin qui lui convient le mieux. Je dois donc aller piocher dans tout ce que j'ai expérimenté pour aller à sa rencontre. Les enfants en difficulté sont ceux qui m'ont le plus appris le métier de pédagogue. En effet, en les accompagnant, j'ai pu comprendre la didactique et ainsi m'améliorer dans la transmission auprès de ceux qui apprennent plus facilement. Ils sont comme une loupe qui décrit et décompose les erreurs que chaque nouvel apprentissage peut générer chez l'élève.

À l'école, cette année, sur 35 élèves, 13 présentent des troubles d'apprentissage, parce qu'ils sont précoces (6) ou dyslexiques (7). Et 4, en grande difficulté, bénéficieraient d'une AVS, auxiliaire de vie scolaire, s'ils étaient dans une école primaire standard ; deux d'entre eux seraient orientés en Clis. Face à un enfant en difficulté ou qui n'apprend pas comme les autres, je dois faire attention de ne pas lui mettre d'étiquette. Ainsi, je ne regarde le dossier médical transmis par ses parents qu'aux vacances de la Toussaint. Si je l'avais regardé en tout début d'année, je me serais autobridée : j'aurais renoncé à lui faire faire quantité de choses en pensant : "Non, ça, ce n'est pas la peine d'essayer, cela ne va pas marcher." Et comme je n'aurais pas cru l'élève capable de réussir ce que je lui proposais, ce dernier n'aurait en effet peut-être pas réussi. J'aurais anticipé ses difficultés et empêché l'effet de la nouveauté qui permet parfois à l'enfant de se donner la chance d'essayer à nouveau et de réussir en ayant confiance. Dans cette même logique, j'ai besoin d'être au courant quand une famille rencontre des problèmes qui pourraient se répercuter sur le quotidien de l'enfant à l'école. Mais je ne souhaite pas tout savoir. J'ai juste besoin d'être prévenue qu'il rencontre une difficulté dans sa vie privée qui peut expliquer son manque de concentration ou d'application. Je n'ai pas à savoir ce que c'est, juste à m'assurer que cela ne vient pas de ce qu'il vit à l'école. Cela m'évite de chercher un problème là où il n'y en a pas. Sachant que la difficulté vient de l'extérieur, je peux l'aider à la prendre en compte et à s'en éloigner pour se concentrer sur le travail.

L'enfant précoce

Difficile de faire le portrait-robot de l'enfant précoce tant il existe de formes différentes : certains enfants sont précoces partout, uniformément forts quelle que soit la matière. D'autres, au contraire, sont très brillants en français, par exemple, mais beaucoup moins en maths. Jongler en permanence avec des capacités très différentes ne facilite pas la construction d'une bonne estime de soi, surtout pour des enfants qui vivent déjà un décalage plus ou moins grand entre leur capacité intellectuelle et leur maturité affective. De nombreux précoces partagent deux points communs : ils sont rarement tranquilles ; c'est anxiogène de comprendre beaucoup de choses, très tôt. C'est pour cela que le terme d'hyperactif leur est quelquefois associé : ils s'agitent, pour tenir leur pensée à distance. De plus, les enfants précoces n'ont pas de mal à donner du sens à ce qu'ils apprennent mais acceptent moins bien de devoir acquérir les outils de la connaissance. Par exemple, ils n'aiment pas apprendre par cœur une leçon, réciter une table de multiplication. Eux, ils comptent dans leur tête et ils estiment que leur technique est tout aussi valable que celle que je propose puisqu'ils comptent en effet à toute vitesse. Je dois leur faire comprendre qu'ils peuvent utiliser leur méthode jusqu'à un certain point mais qu'ensuite, avec de grands chiffres, il sera plus simple et plus rapide de connaître les tables de multiplication. Je leur demande donc d'apprendre par cœur la table des 5 ou des 7, pour mettre ce par cœur au service de la technique. Ces outils sont utiles, même pour des enfants précoces !

En français également, l'approche des enfants précoces est particulière. Ils trouvent spontanément la bonne orthographe ou la bonne conjugaison mais en travail de coopération avec leurs pairs, quand ils se retrouvent par groupe de trois, ils ne savent pas expliquer leur stratégie mentale pour décrire comment ils sont arrivés à ce résultat. Pour eux, ces temps de coopération sont précieux. En écoutant leurs camarades détailler leur stratégie mentale, ils découvrent les chemins qu'ils ont empruntés pour arriver à la réponse et se trouvent contraints de "conscientiser" le leur.

Un bon exemple de l'attitude de l'enfant précoce face à un apprentissage ? William, un élève de CM1. À 9 ans, il est surdoué..., mais il ne sait pas poser une addition. Il préfère calculer mentalement et ne me croit pas quand je lui dis que les techniques opératoires lui seront utiles. Je m'en suis encore aperçue, stupéfaite, au cours de la correction d'un exercice de maths : un commercial doit faire sa tournée dans le sud de la France et passer par les villes de Toulouse, Bayonne, Perpignan et Bordeaux. Les distances kilométriques entre les villes sont données et deux itinéraires (passant par les mêmes villes, mais pas dans le même ordre) sont proposés. Les élèves doivent déterminer lequel des deux itinéraires est le plus court. Après un temps de travail en autonomie de quelques minutes, les élèves donnent leur stratégie. Un premier élève explique comment il a fait pour obtenir la distance totale du premier itinéraire, d'environ 1300 kilomètres. Puis j'interroge William, qui lève le doigt depuis un moment. D'habitude, il calcule de tête, mais là, il lui faut détailler le calcul correspondant au second itinéraire. Je suis devant le tableau et je fais la "secrétaire" : je note tout ce qu'il dit, sans commenter si je vois une erreur. Les autres élèves respectent la consigne et laissent leur copain aller au bout de son raisonnement. Il s'agit donc de poser une addition de 4 nombres. William prend quelques chiffres des dizaines, les additionne avec les chiffres des unités, me demande d'inscrire le résultat dans la ligne du total, puis continue sa curieuse manipulation... et sous sa dictée, je note la distance totale du second itinéraire : 654 330 kilomètres. Nettement plus long que le premier itinéraire ! William est un peu surpris de la différence de kilométrage entre les deux parcours, mais n'évoque pas (encore) la possibilité de s'être trompé. Je lui demande : "Tu te souviens que le tour de la terre, à son point le plus large, est de 44 000 kilomètres. Comparé à cela, le chiffre que tu viens de trouver te paraît-il possible ?" William est perplexe... Je lui dis : "En fait, William, tu as des choses à apprendre en classe. Tu es très intelligent, mais là, tu es complètement perdu quand tu te retrouves face à une grande addition. Tu ne sais pas faire. Il faut que nous te donnions l'outil nécessaire pour savoir faire une addition ! Et je suis contente de voir que tu fais cette erreur car cela te prouve que tu as des savoir-faire à acquérir à l'école." La fragilité de l'enfant précoce, c'est qu'au premier obstacle rencontré, il s'effondre. Comme tout ce qu'il fait ne lui pose aucun problème, il n'en tire aucune estime de soi qui lui permettrait d'affronter l'obstacle. Or, c'est parce que l'élève a fait un effort, qu'il a donné le meilleur de lui qu'ensuite, il se sent fier et qu'il construit de la confiance en lui.

Je me souviens d'un élève de CM1, qui râlait tout le temps pour se mettre au travail. Je me battais avec lui pour qu'il se remonte les manches, en vain. Un jour, je lui dis : "Je vois que tu ne veux pas te mobiliser pour faire mieux ; tu préfères faire des choses faciles. Dans ce cas, je vais te proposer un exercice pour les CP". Ravi de l'expérience, l'enfant le fait et me rend son travail. Je lui demande : "Tu as tout juste ; est-ce que tu es fier de toi ?" Il répond : "Mais non, c'était trop facile !" Il a compris qu'il y avait besoin d'un peu de difficulté pour se sentir fier d'avoir donné le meilleur de lui. Cette notion précieuse, nous l'avons abordée récemment en atelier philo. La question portait sur le sens de l'expression "Faire un effort". Les enfants ont bien compris les enjeux de l'effort, qu'il n'est pas obligatoire d'associer aux termes *contrainte* ou *obligation*. Un CM1 décrivait son attitude quand il a commencé ses cours d'aïkido : "Au début, je pensais que je serais fort de suite mais en fait, j'ai compris que ce n'était pas ça l'essentiel. C'était le chemin qui était intéressant !"

L'enfant dys

Il y a une variété de "dysfficultés" : dyslexie, dyscalculie, dyspraxie. Et chacune peut prendre des formes différentes. Par exemple, il existe une dyslexie globale : l'enfant ne reconnaît pas les mots en lecture globale. Donc, devant le mot *mardi*, il devra lire son par son jusqu'au [i] final pour pouvoir dire qu'il s'agit d'un jour de la semaine. C'est une forme handicapante de la dyslexie, qui explique pourquoi certains enfants ont si peu de plaisir à lire. Il y a aussi une dyslexie du phonème : l'enfant confond visuellement ou auditivement des sons ; ou alors, il ne fait pas la différence entre certains, le *o* + *u* et *o* + *n*, par exemple. Boris doit ainsi se répéter : "le *n* a les deux pieds qui touchent en bas" pour distinguer la différence entre les sons [on] et [ou].

Tout enfant un peu lent à démarrer dans ses apprentissages ne souffre pas forcément d'une dys ; il peut avoir le déclic un peu plus tard que les autres sans qu'il faille s'en inquiéter. C'est pourquoi nous attendons le milieu ou la fin du CE1 pour proposer un bilan orthophonique pour un enfant qui n'a toujours pas démarré dans la lecture ou l'écriture. Avant, la difficulté ne peut être due qu'à sa maturité.

Un élève souffrant de troubles dys a des difficultés qu'un non dys peine à imaginer. Pour lui, lire un texte est une épreuve car il ne perçoit pas ce qui est écrit comme nous. Pour envisager le degré de difficulté auquel il est confronté, une orthophoniste me disait qu'il faudrait imaginer le texte que nous lisons dans un cahier comme s'il était écrit de haut en bas, sans aucune séparation entre les mots. Pas sûr que nous nous y retrouverions. Pour l'enfant dys, il faut s'attendre à ce que tout puisse lui poser problème, dès qu'il y a des repères dans l'espace et dans le temps. Par exemple, recopier un texte écrit au tableau (donc sur un plan vertical) sur son cahier (sur un plan horizontal) est un calvaire ; il a aussi du mal à écrire une division. L'opération est en effet complexe car il doit inscrire des chiffres à quatre endroits différents de la feuille : en haut, en bas, à gauche et à droite. De même, conjuguer correctement un verbe est un exercice complexe, même s'il fait pourtant appel à la logique. Il semblerait que modifier seulement la fin d'un mot le dérange alors qu'il y arrive très bien à l'oral, en épelant. Son estime de soi est soumise à rude épreuve car devant les difficultés – qu'il a le sentiment d'être le seul à devoir affronter –, il en conclut trop vite qu'il est bête, qu'il ne comprend rien. Le quotidien avec un enfant dys oblige donc à trouver des moyens de lui faire accéder à l'apprentissage en tenant compte de la particularité de ses connexions cérébrales. Les neuropsychologues indiquent qu'on peut "muscler" les circuits qui fonctionnent naturellement bien dans son cerveau, et lui apprendre à contourner, à compenser des difficultés dont il ne se défera pas. Un élément nous aide : à l'inverse de l'enfant précoce, le dys est plutôt soulagé de disposer d'outils (les tables de multiplication, le par cœur, etc.) pour aborder la pente ardue du savoir. Des outils précieux, qui le rassurent face aux difficultés qu'il doit surmonter. De son côté, l'orthophoniste renforce les circuits défaillants par la rééducation. Il utilise la plasticité du cerveau pour créer un autre circuit, au départ plus laborieux puis assez efficace, avec l'entraînement. Par la suite, l'enseignant consolide le renforcement des zones performantes afin qu'elles viennent nourrir l'estime de soi et faciliter la rééducation. Par exemple, un enfant qui a des problèmes de lecture ne lit pas ses enquêtes de maths. Je les lui lis à voix haute afin qu'il ne soit vigilant que sur la partie purement mathématique. Il réussit alors brillamment la tâche, ce qui lui redonne le courage de travailler là où c'est indispensable (en lecture) car il sait qu'il n'a pas des difficultés partout.

Tous dyslexiques ?

Dyslexiques, je me demande si nous ne le sommes pas tous un peu mais en fonction de notre forme de "dys" et du contexte, cela se remarque plus ou moins. Ainsi, en Italie, il n'y a quasiment pas de dysorthographique. Ce n'est pas bizarre, c'est simplement parce que tous les sons se prononcent donc c'est difficile de faire des fautes en écrivant ! Le français, au contraire, est une langue bourrée de chausse-trappes : quantité de lettres sont muettes ; quantité de mots s'écrivent pareil mais se prononcent différemment ; quantité de mots (y compris d'une même famille) ne respectent pas la logique. Un dyslexique français peine à écrire sans faire de faute... Par ailleurs, certains dysfonctionnements passent inaperçus à l'école. Ainsi, je suis sûrement dysphasique en musique : je fais partie d'une chorale et je sais chanter. Pourtant, je suis incapable de retrouver l'air ou de fredonner une musique apprise à mon cours. Je l'entends très bien dans ma tête mais j'ai un problème lors de la reformulation de l'information.

Il me semble que nous fonctionnons tous ainsi, avec des parties plutôt dys et d'autres, où nous sommes naturellement forts, que nous appelons un don ou une qualité. C'est flagrant en sport. Si l'on accepte que certains soient très forts à la course de haies ou en natation, pourquoi n'accepterions-nous pas que certains soient dotés de capacités mentales particulières ?

Dyslexique, on le reste toute sa vie : on n'en guérit pas ; on parvient en revanche à trouver des chemins qui compensent. Je rencontre souvent des adultes dyslexiques qui ont l'impression d'avoir "soigné" leur dyslexie. En réalité, ce n'est pas le cas, mais ils ont intégré des voies de contournement pour la compenser. Donc, ils savent faire grâce aux nouvelles routes qu'ils se sont créées. Mais dès qu'ils se retrouvent devant une difficulté complètement nouvelle, ils doivent prendre le temps de la contourner puis de créer le circuit qui compense.

La dyslexie est variée

L'enfant dyslexique a souvent du mal à faire deux tâches à la fois. Par exemple, si je donne un calcul à faire, il ne pourra pas chercher le bon résultat *et* poser correctement l'opération. Une élève de CM1, par exemple, pose les dizaines d'un côté, l'unité de l'autre, fait son trait au mauvais endroit, il n'y a aucune logique. Mais le résultat est bon... Avec ces enfants-là, je joue la secrétaire : c'est moi qui pose l'opération et c'est l'enfant qui me dicte.

Une part importante du travail quotidien de l'enseignant consiste à redonner confiance à ces enfants dys, si facilement persuadés d'être nuls. Adrien est l'un d'eux. L'autre jour, les élèves faisaient un exercice au compas. Comme il est performant en 3D, il a terminé l'exercice avant les autres. Mais il ne regardait pas où en étaient ses copains ; en général, quand il lève la tête pour vérifier l'état d'avancement du travail chez ses camarades, il se rend compte qu'il est en retard, ce qui l'inhibe ou le fait partir dans ses rêveries, pour éviter de se confronter à la difficulté. Là, il finit donc l'exercice le premier puis vient me voir. Travail impeccable ! Je lui chuchote : "Retourne-toi et regarde : tout le monde travaille encore. Toi, tu as fini et ton travail est parfait. Tu te souviendras que tu peux être très fort, dans un moment où tu penses que tu es nul !"

4. Ce que nous apprend l'enfant en difficulté

Il est très habituel qu'un outil précieux pour un enfant en difficulté serve également aux autres enfants de la classe. En voici un exemple : nous sommes en avril et Max, un CP en grande difficulté, peine à entrer dans la lecture. Ce jour-là, la leçon porte sur le son [r]. Un exercice présente plusieurs mots contenant le son [r] ; selon le nombre de syllabes du mot, il y a une, deux, trois (ou davantage) cases sous le mot. L'enfant doit mettre une croix dans la case qui correspond à l'endroit où il entend le son demandé. Max bute sur l'image voiture : il ne parvient pas à déterminer s'il entend le son [r] dans la première case, la seconde ou la troisième. Nous essayons plusieurs fois, en vain. Je lui propose une entrée kinesthésique pour résoudre cet exercice. Devant lui, je place trois carrés en bois, côte à côte, qui représentent les trois syllabes du mot. Puis je lui demande de taper sur les carrés de bois au fur et à mesure qu'il prononce voiture : *voi-tu-re*, c'est parfait, il tape en rythme. Et quand je lui demande où il a entendu le son [r], il montre sans hésiter le troisième carré ! À chaque nouvel essai, il trouve tout de suite la réponse.

Ce procédé qui associe le visuel et le kinesthésique a été essentiel pour l'enfant en difficulté mais je vais le proposer également aux autres CP. Parmi eux, certains kinesthésiques seront sûrement contents de passer par cette voie d'apprentissage ; je leur facilite alors le travail.

5. Les trois options face à la difficulté

Confronté à un obstacle, l'élève dispose de trois attitudes s'il se sent déstabilisé.

Tout le monde les utilise plus ou moins, mais il est instructif d'étudier laquelle des trois options est privilégiée et de vérifier qu'elle soit toujours adaptée. Car elle l'était peut-être il y a un an ou deux mais ne l'est plus aujourd'hui ; ou elle l'est dans certains cas mais pas tout le temps.

La fuite

Ce mode d'évitement de la difficulté s'observe sous diverses formes. Il y a l'enfant qui n'écoute pas : son attitude "non branchée" lui permet de ne pas vraiment échouer... puisqu'il n'écoute pas ! Une version voisine : l'enfant qui n'arrive pas à rester concentré et qui va évoquer ses difficultés de concentration comme bouclier à l'apprentissage. Il y a également l'enfant qui part dans la lune. Enfin, il y a aussi celui qui dit qu'il n'aime pas ; que les maths (le français, la musique, etc.), ce n'est pas son truc. Il va falloir lui faire identifier sa peur de ne pas y arriver pour qu'il abandonne cet argument de manque de goût ou de motivation. La plupart du temps, il ne sait pas vraiment s'il va aimer ou non. Il sait juste qu'il a peur d'échouer.

L'inhibition

Nous avons tous rencontré sur les bancs de l'école un enfant inhibé ; c'est celui qui ne dit rien, qui voudrait se faire oublier, qui pique du nez vers son cahier ou ses chaussures quand la maîtresse dit "Qui vais-je interroger aujourd'hui ?"

Ces deux premiers profils ne gênent pas vraiment l'enseignant. Parmi 30 élèves, le fuyard et l'inhibé se fondent très rapidement dans la masse, et savent se faire oublier. Et pourtant, ils ont besoin d'être rassurés pour oser prendre le risque d'apprendre. Trop souvent, ils ne font rien mais comme ils ne gênent pas le groupe, l'enseignant ne les voit pas s'il n'est pas vigilant.

Pendant ce temps-là, son attention est captée par ceux qui utilisent la troisième stratégie d'évitement possible...

L'attaque

Léo, un petit bonhomme de 7 ans très dyslexique, n'est pas le même enfant entre le matin et l'après-midi. Le matin, pendant les cours de français et de maths, il est attentif malgré ses difficultés. L'après-midi, c'est un vrai "zébulon". En cours de danse, de musique ou d'histoire-géographie, il est intenable. On dirait qu'il disjoncte, alors que ces matières semblent *a priori* moins le confronter à ses difficultés. En réalité, un enfant dyslexique est vite perdu devant des repères dans l'espace (comme la danse) ou dans le temps (en histoire). Donc, Léo est déstabilisé par les cours de danse ; il ne comprend pas ce qui est demandé, ne suit pas le rythme. Alors, il s'oppose, fait le clown, parasite le travail des enseignantes. Il faudrait lui dire : "Tu as l'air inquiet", pour qu'il perçoive que nous avons compris son angoisse devant ces disciplines. Mais c'est tellement simple de passer à côté de l'inquiétude d'un enfant qui fait le pitre et s'agite. On a tendance à lui demander d'aller se calmer dans un coin.

L'attitude de Léo est typique du comportement de l'attaquant. Dans le fond, ce dernier a peur..., même si son comportement nous montre exactement l'inverse. Jean-Marie Petitclerc m'a raconté une anecdote qui illustre tout à fait ce phénomène. Cet homme, prêtre et éducateur spécialisé, s'occupait d'un foyer d'accueil pour des femmes victimes de violences. Un jour, il reçoit l'une d'elles, accompagnée de son petit enfant ; elle venait trouver refuge pour échapper à la violence de son compagnon. Peu de temps après, celui-ci débarque au foyer, armé d'une carabine. Il fallait (vite) désamorcer la violence de cet homme. Jean-Marie Petitclerc s'approche et lui parle. Un dialogue surréaliste sur la fonction paternelle s'engage entre l'homme d'Église et le nouveau père, sa carabine coincée sous le bras ! Puis l'homme a fini par baisser le canon, et s'est mis à pleurer avant de confier ses difficultés de père et sa peur face à cette nouvelle responsabilité. J'ai vécu, *a minima*, une situation similaire où il m'a fallu comprendre ce qui se cachait derrière la violence affichée… J'étais toute jeune monitrice, accompagnée d'un petit groupe d'enfants. Nous marchions dans la rue et face à nous, arrive un groupe de jeunes, à l'air peu avenant. Tout, dans leur attitude et leur look, semblait menaçant, et sous-entendait : "Ne vous frottez pas à nous." Je n'étais pas rassurée, je craignais qu'ils s'en prennent aux enfants. Et puis soudain, j'ai aperçu un adorable petit chiot qu'ils tenaient en laisse. Lorsque nous sommes arrivés les uns face aux autres, je leur ai parlé de leur chiot. Derrière leur agressivité affichée, j'ai vu autre chose : leur tendresse pour ce petit chien, qui a fait lien entre nous.

Voilà qui me ramène au postulat de confiance que j'adopte d'emblée : chez l'autre, il me faut chercher sa part humaine. Derrière le gros dur qui arrivait en roulant des mécaniques, il y avait des kilos de tendresse… Et derrière le petit garçon qui s'attire les foudres de la maîtresse tant il perturbe le cours, il y a un enfant inquiet.

6. Brainstorming pour des solutions sur mesure

Le mercredi, nous nous réunissons, toutes les maîtresses, et nous débattons de nos difficultés (et de nos satisfactions !) de la semaine. Le métier d'enseignant demande d'avoir beaucoup d'imagination pour trouver des solutions pédagogiques qui faciliteront les apprentissages des enfants en difficulté. Ce mercredi, la réflexion porte sur deux garçons de 7 ans, qui ont du mal à entrer dans la lecture, l'écriture et le calcul pour des raisons différentes. Max, l'un des deux, souffre d'une maladie rare, qui le handicape pour lire, écrire, parler. Depuis peu, nous lui proposons de travailler sur un ordinateur. Nous constatons de notables progrès : lui qui avait tant de mal à recopier des mots, à rester concentré sur un exercice, le voilà absorbé de longues minutes en travail autonome. La leçon du jour porte sur le son [on]. Max tape sur son clavier ourson, carton, melon, tondeuse ; puis il vérifie et se relit, en ponctuant ce qu'il lit des gestes de l'alphabet Borel-Maisonny. Il passe ainsi une séance de travail très productive ! Reste le cas de Léo, le grand dyslexique décrit quelques lignes plus haut. En mathématiques, nous avons le sentiment de tourner en rond avec lui dans l'apprentissage du passage à la dizaine. Il y a quelque chose qu'il ne comprend pas..., mais nous ne voyons pas ce qui fait obstacle. Nous réfléchissons à une autre manière d'aborder le complément à 10 (6 + 4 ; 7 + 3 ; 8 + 2, etc.). Pour le faire compter jusqu'à dix, l'une de nous lui fait manipuler des objets : "Regarde, j'ai quatre livres sur mon bureau ; peux-tu aller m'en chercher six dans la bibliothèque ? Et ensuite, tu me diras combien j'ai de livres en tout." Il pourra petit à petit anticiper la réponse sans aller chercher le matériel. Mais nous ne sommes jamais sûres d'avoir trouvé le "bon" chemin, celui qui mène à coup sûr un apprentissage jusqu'à son cerveau et surtout qui y reste pour être réutilisé dans une autre situation, un autre jour... L'enfant peut oublier cet apprentissage qui semblait pourtant acquis la semaine dernière. Le fait que l'enfant en difficulté réussisse plusieurs fois de suite l'exercice proposé, est-ce un gage d'acquisition définitive ? Je ne sais pas toujours. C'est peut-être un hasard, une série chanceuse ? C'est ce que le résultat d'aujourd'hui semble indiquer. Car aujourd'hui, Léo n'a pas la même réussite qu'hier ; sur dix questions de l'exercice de maths, seules trois sont justes. Est-il fatigué ? Ou ce résultat est-il un reflet plus exact de l'état de ses connaissances ? On ne sait jamais exactement à quel endroit de son apprentissage l'enfant en difficulté se trouve : lui manque-t-il une leçon pour consolider définitivement cet acquis ? Ou faudrait-il dix séances de plus pour qu'il ait tout à fait acquis cette notion ? C'est dans ces moments-là, devant ces enfants-là, que nous percevons à quel point la liberté pédagogique et la créativité sont indispensables à l'enseignant et combien il est précieux de travailler en équipe pour croiser nos regards et trouver la focale qui éclairera autrement cet enfant. Enfin, pendant ces séances de mise en commun de nos observations, je conseille aux enseignants stagiaires d'être très attentifs aux phrases qu'ils prononcent. Il faut autant que possible repérer la formulation qui fait tilt dans l'esprit de l'enfant, pour la lui répéter jusqu'à ce qu'il n'en ait plus besoin, et passe à l'apprentissage suivant. Quand une recette est bonne auprès d'un enfant, n'hésitons pas à l'utiliser souvent !

7. Le "bénéfice secondaire" de la difficulté

Pour comprendre ce qui se joue pour un enfant en difficulté, il faudrait parvenir à se mettre en situation : rappelez-vous un séjour au ski où vous êtes parti avec un groupe de très bons skieurs. En bas de chaque piste, ils vous attendent ; vous n'êtes pas sitôt arrivé qu'ils sont déjà prêts à repartir. Au bout d'une journée à ce rythme, vous cherchez une sortie de secours : "J'ai froid, je rentre !" ou "Le ski, j'aime bien, mais je préfère lire au soleil, en terrasse" ou "J'ai mal au genou, je vais m'arrêter, mais continuez sans moi !" L'enfant en difficulté, nous l'avons vu, trouve une parade. Au lieu d'apprendre, il asticote ses copains, il a des petites maladies, il rêvasse ou il est agréable et souriant mais absent. Même s'il ne le montre pas, pour rassurer son entourage (ou pour nous rassurer), l'enfant sait qu'il est différent. Il voit bien que les autres démarrent la lecture alors qu'il ne reconnaît toujours pas les lettres, que les autres lisent sans erreur alors que sa lecture est toujours hachée. Il est donc bien normal qu'il essaie de trouver des avantages à sa situation : il essayera de laisser la maîtresse faire à sa place, demandera à un plus grand de l'aider, tentera d'éviter la tâche demandée en changeant de sujet ou en se faisant plaindre.

8. Quand l'enfant doit prendre en compte sa difficulté

Je ne peux aider l'enfant en difficulté que s'il accepte de prendre en compte sa difficulté, ni trop ni trop peu. Étienne, dyslexique, doit reconnaître qu'il part dans la lune car il a peur d'apprendre et de ne pas y arriver. Je lui rappelle donc, à intervalles réguliers : "Tu repars dans la lune ; et alors, tu creuses la différence entre toi et les autres car pendant ton tour dans la lune, tu rates des explications. Tu dois te souvenir que c'est ton piège, et faire l'effort de revenir avec nous pour essayer de faire de ton mieux." Par moments, ce garçon est dans le bénéfice secondaire de sa dyslexie : comme j'ai plus de mal que les autres, je rêvasse ; ainsi, je ne me confronte pas à ma difficulté. Pour aider l'enfant en difficulté à progresser, il faut accepter de lâcher sur l'accessoire et être exigeant sur l'essentiel. C'est en "triant" ainsi les priorités que nous l'aidons à assumer sa difficulté, à la surmonter (puisqu'il concentre ses efforts sur une tâche précise), et à prendre confiance en lui pour la suite. Pour la production d'écrits, par exemple, je demande à un enfant très dyslexique de faire une phrase impeccable : elle doit commencer par une majuscule, finir par un point, comporter un verbe correctement conjugué et le moins de fautes possible. Ensuite, si cet objectif est rempli, j'accepte de faire la secrétaire et d'écrire dans son cahier ou sur le tableau ce qu'il me dicte.

IX
LE MÉTIER D'ENSEIGNANT

1. L'enseignant, un chercheur en pédagogie

Il exige, parce qu'il a confiance en l'enfant

Une éducation trop attentive aux émotions de l'autre ("Je vois que tu as peur ; ce ne doit pas être facile") peut créer chez l'enfant qui a peu confiance en lui une attitude passive face à la nouveauté. Cela ne l'aide pas à avancer. Ainsi, mon rôle d'enseignante, ce n'est pas de dire à un élève : "Comme tu dois être en colère d'avoir du mal à apprendre cette leçon", mais de l'encourager à le faire. L'enfant en difficulté, notamment, n'imagine pas qu'il peut réussir. Je dois faire le pari qu'il va y arriver – pas forcément du premier coup, mais il va y arriver. Mon attitude lui donne l'impulsion pour se lancer et croire en lui. Je le constate chaque année par exemple avec les tables de multiplication : certaines sont un vrai casse-tête pour 2-3 élèves. Je signale : "Je ne connais pas d'enfant qui n'y soit pas arrivé. On va trouver le chemin pour que tu les retiennes ; par contre, il faut que tu t'y mettes." J'ai vécu cette situation avec Axel, un CM1 pas toujours volontaire pour travailler. Au retour des vacances de Noël, je retrouve un Axel peu motivé. Cette fois, je le gronde : "C'est ma limite d'enseignante : je ne peux pas apprendre à ta place. Donc, mets-toi au travail." Chez lui, dépité, il raconte la scène à ses parents et ajoute : "D'ailleurs, même Isabelle m'a dit que je suis nul." Nous en parlons le lendemain avec sa mère ; je le reprends : "Je ne te dirai jamais que tu es nul car je ne le crois pas. Par contre, c'est vrai, je t'ai grondé. C'est comme si tu avais un ballon de basket dans les mains. Moi, je t'apprends à mettre un panier ; toi, tu es assis à côté du ballon en disant « 'Pff, je n'y arrive pas. » Mais tant que tu n'essaies pas, je ne peux rien faire pour toi !" L'enfant doit comprendre que demain, le panier sera placé dans un coin ou plus haut ; le ballon sera plus gros, le terrain sera plus grand : il y aura à chaque fois une nouvelle difficulté que l'enfant devra courageusement affronter. Je serai à ses côtés pour l'épauler... à condition qu'il se saisisse du ballon !

Certains éducateurs me trouveront un peu rigide. Mais je suis convaincue de rendre service à l'enfant. Je suis dans une posture juste et ferme.

Ferme, oui, c'est exact. Je ne laisse pas le choix à un enfant peu motivé, je lui demande de s'engager. Et cette exigence m'engage, moi aussi : je peux me tromper, l'enfant n'est peut-être pas prêt ou pas disponible. Mais moi, je dois croire en sa réussite...

Il annonce la couleur

C'est le but de la mise en projet : l'enseignant doit baliser le terrain, signaler les difficultés, annoncer aux enfants où il désire les emmener. Pour cela, il doit utiliser des savoirs aussi incarnés que possible : en mathématiques, par exemple, les élèves ont besoin d'exercices appliqués. Sans cela, ils ont l'impression que cette nouvelle leçon ne leur sert à rien et auront du mal à la réutiliser et à lui donner du sens. En primaire, il est facile de faire le lien entre ce qu'il apprend et là où cela nous rend service dans la vie. Il faut juste penser à le leur dire car beaucoup n'auraient pas fait le lien. C'est ici que le rôle des parents est complémentaire à celui de l'école. À la maison, ils peuvent montrer comment ils se servent de ce que l'enfant apprend à l'école. Ce n'est pas la peine de refaire l'école à la maison. En revanche, il faut que l'enfant mesure, paie, rende la monnaie, compte les kilomètres, cherche le chemin sur une carte routière, fasse des gâteaux avec les fractions du verre mesureur, autant de manipulations confirmant le sens et l'utilité de ce qui est appris à l'école. L'enseignant doit aussi prévenir que parfois, il faut passer par un apprentissage peu incarné. Quand ils apprennent une leçon de conjugaison, je dis aux enfants : "Vous devez accorder vingt verbes correctement ; vous ne le referez jamais comme ça quand vous serez adultes. Mais c'est un exercice d'entraînement. Demandez à vos parents. À aucun moment dans leur vie, quelqu'un leur demande d'accorder vingt verbes. Par contre, vous avez besoin de le savoir, car cela vous sera utile lorsque vous écrirez ou que vous lirez, pour mieux comprendre le sens d'une phrase."

Il nourrit le plaisir d'apprendre chez l'enfant

Nous avons vu qu'autour de 7 ans, l'enfant hésite parfois avant de rentrer dans les apprentissages. Son attitude face au savoir est une question de maturité… et de plaisir d'apprendre, entretenu ou non par l'enseignant. Le principal écueil à éviter, pour ce dernier ? Chercher à la place de l'élève. Sinon, l'enfant est déçu voire démobilisé, exactement comme quand, en classe, dix élèves lèvent le doigt et l'un d'eux répond, sans avoir été interrogé. C'est insupportable pour les autres enfants : cela casse la joie de donner la réponse.

Dans les stages de formation à la coopération, nous proposons un jeu très basique pour faire comprendre cette notion aux enseignants présents. Les stagiaires marchent deux par deux, et au coup de dong, ils se mettent face à face (suffisamment près pour ne pas voir leurs pieds) puis ils disent : "1, 2, 3", et ils sautent sur place. Ils retombent pieds tournés dedans ou dehors. S'ils retombent tous les deux dans la même posture, ils disent "*Yes*" ; sinon, ils font "Oh", d'un air déçu. Au bout d'un moment, je propose une pause et je demande aux enseignants si certains n'ont jamais dit *yes* et comment ils se sentent. Il y en a toujours un ou deux dans ce cas. Ils répondent : "Il n'est pas drôle, ce jeu : c'est nul de ne jamais dire *yes* !" Les autres remarquent qu'ils se sentent, eux, dans une énergie positive. À l'école, notre travail d'enseignant consiste à permettre aux élèves de faire *yes*… Avec ce jeu (effectivement peu élaboré), les stagiaires viennent de toucher du doigt ce que cela fait de ne jamais dire *yes* !

Lors d'un cours frontal, seule la maîtresse ne cesse de faire *yes* : "Regardez comme je suis forte, vous avez vu tout ce que je sais ? Vous voulez que je vous réexplique ?" L'enseignant doit absolument préserver chez l'enfant le plaisir de faire *yes*. D'abord parce que, en termes de rentabilité, on s'est rendu compte que le cours frontal n'obtient pas des résultats fameux, comme le confirment les enquêtes Pisa. Et surtout parce que ce plaisir est un moteur essentiel dans l'acte d'apprendre. La pédagogie de notre école, où l'enfant est d'abord en recherche puis confronte le résultat de ses recherches à ceux d'autres élèves, stimule son envie d'apprendre, puisqu'il est acteur de ses apprentissages. C'est lui qui trouve… donc c'est lui qui fait *yes* ! Cela donne des enfants qui parfois râlent parce qu'ils n'ont pas fini de chercher et ne veulent pas sortir en récréation, ou encore des élèves à qui l'on dit : "Vous avez fini de chercher ? Alors, on va commencer la coopération" et qui crient : "Attends, attends, j'ai presque trouvé !" J'avoue que dans ces moments-là, je me dis "Mission accomplie…" Le travail de l'enseignant est alors de nature plus éducative que pédagogique : ce dernier est garant de l'organisation du temps, de l'espace, constitue les groupes de travail, accompagne les élèves dans la gestion d'éventuels conflits. C'est une posture de coach, même si le terme me plaît peu.

Il est créatif

Faire preuve de créativité pédagogique est une nécessité quotidienne ; il n'y a qu'à cette condition que nous surprenons et intéressons les élèves. Et tout élève étant unique, je me retrouve chaque année devant des problématiques nouvelles. C'est pour cela que le métier reste passionnant : il y a peu de routine et beaucoup de recherche. En voici trois exemples pris sur le vif.

La séance de vivre ensemble sur la frustration

Certains enfants ont du mal à gérer la frustration. Autrefois, on découvrait ce sentiment chez soi, lorsque les familles comptaient davantage d'enfants. Mais aujourd'hui, certains enfants grandissent sans fratrie et la tendance actuelle veut qu'on écoute beaucoup l'enfant… et laisserait même penser que puisque l'enfant demande quelque chose, on ne peut pas lui dire non ! C'est donc à l'école que certains enfants découvrent, pour la première fois, la frustration. C'est pourtant un sentiment inévitable dans la vie collective : on ne peut pas prendre toute la place dans le groupe ni tout choisir. Dans une classe, un enseignant interroge rarement plus de 10 élèves… La frustration est donc quotidienne, pour un élève entouré de 29 autres ! Ici, les élèves participent beaucoup ; ils sont en moyenne interrogés une fois sur huit (puisqu'il y a environ 8 élèves par niveau). Dans une classe "standard", ils le seraient trois à quatre fois moins. Cela ne les empêche pas de vouloir être interrogés plus souvent qu'à leur tour. C'est pour cela qu'il nous semblait fondamental de faire réfléchir les élèves à cette question et de les amener à trouver des solutions. Dans cette séance sur la gestion de la frustration (détaillée dans le chapitre VII), le jeu a duré à peine cinq minutes : nous avons sciemment interrogé une élève au détriment du reste du groupe. Nous avions choisi une fillette suffisamment à l'aise pour ne pas être trop bousculée par l'expérience. À la fin, nous avons dit : "Vous avez vu que la séance d'aujourd'hui était un peu bizarre. C'était une expérience que nous ne referons plus. Mais elle vous a permis d'identifier ce sentiment et d'en trouver des remèdes." Dans ces moments-là, l'enseignant a un rôle social : rappeler à l'enfant que vivre en société exige des compromis...

Les post-it pour rappeler une conduite

Enzo est un CM1 plein de vie, mais il a besoin de manifester sa présence à intervalles réguliers. Pour cela, il est devenu le spécialiste de la question inutile. En classe, chacune de mes demandes s'accompagne d'une question ; je dis : "Sortez une feuille et notez les trois phrases que je vous dicte." Il demande : "Une feuille blanche ou à carreaux ?" ; puis je propose "Entourez tous les verbes à l'infinitif avec un stylo de couleur." J'entends : "Rouge ou vert ?" ; puis "On prend notre règle en fer ou en plastique ? Je souligne une fois ou deux ?" Pour l'aider à sélectionner ses questions, nous avons adopté avec lui la technique des trois post-it. Il a à sa disposition trois post-it pour la durée de la séance (d'environ une heure quinze). À chaque question, il nous remet un post-it : immédiatement, il perçoit la nécessité de hiérarchiser ses demandes. Nous utilisons la même méthode pour un enfant qui chantonne en classe, sans même s'en rendre compte. Nous le reprenons régulièrement, formulons des hypothèses ("Tu n'irais pas un peu trop vite ?"). Si nos remarques ne portent pas, nous prenons un post-it sur notre bureau et posons le contrat suivant : "Pour t'aider à prendre conscience de ce problème, je te propose de moins t'en parler mais de faire une croix sur le post-it chaque fois que je te verrai le faire. En fin de journée, nous compterons tes croix et demain tu essayeras d'en avoir moins, ceci jusqu'à ce que tu n'en aies plus besoin." En général, l'enfant prend conscience de la problématique et le post-it perd de son utilité rapidement et durablement. L'enfant ne se sent pas jugé, il comprend juste l'utilité d'adapter son comportement. Ensuite, il n'y revient pas puisqu'il a compris l'intérêt d'y obéir. Autant que possible, nous essayons toujours de passer par une méthode où ce n'est pas l'enseignant qui sanctionne l'élève, mais l'enfant qui se responsabilise. Cette méthode est très efficace.

Interdiction d'apprendre

Certains enfants n'ont pas envie d'être élèves ou mettent beaucoup de temps à endosser cette casquette. Face à un enfant récalcitrant, qui s'oppose en classe, chahute et gêne le travail des autres, que faire ? Je recadre, j'insiste, j'individualise, j'essaie des percées pédagogiques… Mais si toutes mes tentatives restent vaines, j'ai un joker. Je joue franco avec lui : "Tu ne veux pas travailler ? D'accord, interdiction de travailler à partir de maintenant. Tu déposes tes affaires sur mon bureau et tu peux aller vers le coin bibliothèque (où se trouvent des livres, des revues, des jeux). Les autres élèves, où en étions-nous ?" L'enfant ne peut pas aller en récréation puisqu'elle est faite pour les élèves et il ne veut plus en être un ; il peut juste sortir et rester calmement à nos côtés. Le plus souvent, au bout d'une demi-journée ou une journée de "pause", il demande à retravailler. Je lui réponds : "D'accord, à condition que tu acceptes les règles de l'école." Cet exemple ne constitue pas une méthode en soi, c'est plutôt une posture qui évite de rentrer dans un jeu où l'attitude de l'enfant sous-entend : "Je ne veux pas travailler pour faire plaisir à l'adulte." Comme je suis d'accord avec cela, j'utilise cette solution dans les cas extrêmes ; elle s'avère très efficace et évite bien des tensions pour l'élève, le groupe et l'adulte.

2. Un adulte formé ...

... à la coopération

Face à ses élèves, un enseignant a besoin d'avoir expérimenté lui-même ce que cela lui fait de coopérer pour être capable d'organiser le travail de coopération des enfants. Dans les stages de formation à la coopération que j'anime, s'inscrivent des enseignants, des professionnels de la petite enfance, des professeurs de collège, des directeurs de ressources humaines d'écoles de commerce, etc. Ils viennent chercher des techniques de gestion de groupe, qui permettent de créer du lien et de le nourrir ; au fil du stage, cette recherche les amène à se questionner sur leur responsabilité et leur position dans le groupe. J'utilise avec ces adultes la même pédagogie qu'en classe : on expérimente d'abord et ensuite je donne le cadre théorique. Tout démarre donc par des jeux.

Le village

Les stagiaires se répartissent en groupes de huit. Devant eux, se trouve une table sur laquelle il y a une grande feuille et des Lego. La consigne : le groupe doit construire un village dans lequel chacun doit avoir un lieu de travail et d'habitation et le groupe doit choisir un maire. Les participants inventent ce qu'ils veulent, avec ou sans Lego, des grandes ou petites maisons, des métiers proches du leur ou éloignés, etc. Trente minutes plus tard, chaque village est présenté à l'ensemble du groupe, en général par son maire. Ensuite, les stagiaires décrivent comment ils se sont sentis pendant le jeu et la présentation. Puis chacun débat sur le déroulement de la séance : comment la coopération s'est passée ? Quels sont les comportements qui l'ont favorisée ou contrariée ? Comment s'est fait le choix du maire ? Qu'est-ce que cela a provoqué en soi ?

Ce premier jeu apprend qu'il faut prendre sa place ; ni trop (sinon, on empiète sur l'espace de l'autre), ni trop peu. Ce point-là est une découverte pour beaucoup. On estime souvent que dans un groupe, le gêneur est celui qui prend toute la place. Mais en coopération, ceux qui ne disent rien gênent le groupe : ils ne se prononcent pas, ne s'engagent pas et critiquent, souvent. Leur attitude parasite le groupe. Prendre sa place, au contraire, exige de l'audace : il faut apprivoiser en nous la peur de nous tromper. Mais finalement, plus nous osons nous tromper, plus nous nous rangeons dans le rang des humains, plutôt que dans celui des arbitres (comme le font ceux qui ne s'engagent pas). Il est plus agréable de se trouver dans un groupe où tout le monde reconnaît que parfois, on se trompe... et que ce n'est pas grave.

Ce jeu permet aussi d'observer comment chacun a pris sa place : il y a les altruistes, dont le lieu de travail est vaste mais le logement, petit (il est moins légitime de s'occuper de soi). Les individualistes, eux, n'ont pas peur d'occuper une grande partie du village ni d'avoir une grande et belle maison. Il est fréquent que l'"élection" du maire pose problème. Les stagiaires pensent : maire = pouvoir, et pouvoir = abus de pouvoir ; donc ils tiquent. Beaucoup rêvent en effet qu'en coopération, on supprime le chef. Je ne pense pas qu'il soit possible de se passer d'un leader. Ne serait-ce qu'en termes d'organisation, il faut toujours quelqu'un qui coordonne... Les stagiaires découvrent au fil du stage que ce rôle est essentiel sans qu'on le connote d'une dimension hiérarchique, c'est une posture de lien et de centralisation des informations et non de "chef". Il faut accepter de faire confiance à quelqu'un pour un projet précis ; cela ne signifie pas qu'on lui accorde notre confiance sur le reste. Ni indéfiniment.

Les gommettes

L'animateur colle une gommette de couleur (rouge, jaune ou vert) sur le front de chaque participant. Dans la salle, il y a trois camps : les rouges, les jaunes et les verts. Mais tous aux abris, une bombe est annoncée ! Chacun doit rejoindre son camp selon la gommette qu'il porte sans se parler... Il faut donc coopérer puisque personne ne voit la couleur de la gommette sur son front. L'idéal : indiquer à un joueur sa couleur et en réponse, connaître la nôtre. Ce n'est pas toujours ce qui se passe ; l'individualiste file dans son camp dès qu'il connaît sa couleur. Ou l'altruiste s'occupe des autres, mais ne pense pas à rejoindre son camp à temps. Résultat : il meurt éliminé par la bombe. Parfois, l'individualiste se rend compte qu'il a sauvé sa peau sans s'occuper de personne, alors il ressort de son camp. Ce jeu est un bon exemple de la posture que nous adoptons dans un groupe. Gare à la tentation d'être trop altruiste. Lorsqu'on donne trop, on peut finir par s'oublier soi-même et en vouloir aux autres de ne pas voir ce qu'on fait pour eux. Ce profil se rencontre dans le milieu associatif ; focalisé sur les autres, sans réaliser que son action nourrit son estime de soi ("Je suis quelqu'un de bien"), l'individu se sent "bernévole". Si les autres ne le remercient pas, il le prend mal. Il devrait admettre que donner lui permet de nourrir une bonne image de lui. S'accordant de la reconnaissance, il n'a pas besoin d'en attendre de l'extérieur. Le jour où il ne se sent plus nourri, il se retire de l'association sans amertume. Ainsi au clair avec lui-même, il reconnaît qu'il est venu de son propre chef, et qu'il y trouvait donc son intérêt. Contrairement à ce qu'avançait la tradition judéo-chrétienne, ce n'est pas égoïste de reconnaître que faire du bien aux autres fait – aussi – du bien à soi-même...

... à ce que la coopération bouscule en soi

Les premiers temps de la coopération, tout va bien puisque personne ne se connaît. Mais plus on se connaît, moins il est facile de coopérer ! La reconnaissance du leader, qui ne gênait personne le premier jour, commence à faire tiquer. Peu à peu, les récriminations s'accumulent : ce coordinateur prend la parole tout le temps ; ou alors, je lui ai prêté un stylo, il ne me l'a pas rendu ; ou il ramène tout à lui. En fin de stage, il y a une alliance tacite entre ceux que le coordinateur agace. Elle n'est pas nommée, quelquefois même pas consciente. Les stagiaires vont alors désigner un autre coordinateur : "Un tel, tu ne veux pas mener ? Tu ferais cela très bien, non ?" Lorsque nous en parlons au moment du bilan, en fin de stage, ils tombent des nues : "C'est fou, je pensais savoir coopérer mais mes pulsions négatives ressortent... Je me revois saboter un jeu où j'aurais dû écouter le meneur. Mais c'était plus fort que moi, je ne voulais pas que ce soit lui « le chef »."

C'est intéressant d'identifier pourquoi l'autre nous agace. Il nous irrite souvent pour des raisons idiotes, sans aucun rapport avec le jeu que nous sommes en train d'accomplir ! "Ce coordinateur m'irrite parce qu'il passe ses vacances dans des coins formidables, alors qu'avec mon mari, on ne fait jamais rien de grandiose pendant nos congés. Ou alors, cette collègue m'agace parce qu'elle a des enfants et moi pas ; ou parce qu'elle provient d'un milieu social favorisé et moi pas ; ou parce qu'elle a des qualités que je lui envie." Si nous n'identifions pas ces sentiments, nous allons inconsciemment mettre des bâtons dans les roues de cette personne qui nous agace... Comparés aux élèves qui dans la cour de l'école expriment tout haut ce que nous pensons tout bas ("Lui, il ne me plaît pas, il la ramène tout le temps/Il sent mauvais/Je ne peux pas me forcer à jouer avec lui, je ne l'aime pas !"), nous ne sommes finalement pas si différents d'eux. Peut-être un peu plus civilisés, plus aptes à "habiller" nos ressentis pour les exprimer de façon un peu moins brute que ne le font les enfants ; c'est la socialisation qui est heureusement à l'œuvre. Le tout est d'en rester conscient et de ne pas mettre en péril le projet pour lequel on coopère.

... à ce que l'intention initiale oblige à faire en soi

Lorsque nous avons identifié ce qui nous irrite, il n'y a pas d'autre moyen que de s'en décaler pour ne pas rester sur une dénonciation primaire qui viendrait nuire au fonctionnement du groupe. Car dès qu'il y a tension entre deux participants, le travail du groupe s'en ressent. Et oui, coopérer, c'est dépasser l'ego ! Forcément, cela oblige à laisser nos sentiments au placard et à nous demander : "Quel est mon intérêt ? Quel est mon besoin ?", puis à nous responsabiliser par rapport au besoin exprimé : est-ce le moment de dire au coordinateur qu'il monopolise la parole ou de me concentrer sur le projet ?

Dans un groupe, dès qu'une tension survient, il faut remettre le projet commun au centre. Sinon, nous nous laissons parasiter par de petites querelles. Les états d'âme attendront, ce n'est pas le moment de les traiter. Les personnes en conflit pourront trouver un moment pour régler ce qui les oppose plus tard. D'ailleurs, ainsi séparé du reste, le conflit est plus simple à résoudre.

3. L'enseignant, un adulte au clair avec lui-même

Il a identifié ses peurs de base

Nous, humains, sommes habités par une peur fondamentale, celle de ne pas être aimés. Cette peur héritée de notre petite enfance se décline en quatre catégories.

La peur d'être nul

Elle parle de notre sentiment d'incompétence. Comme si, depuis le berceau, nous manquions de qualités essentielles pour nous faire aimer.

La peur d'être abandonné

Elle est souvent liée au sentiment que notre entourage pourrait se détacher de nous facilement. Elle peut être consécutive à des séparations mal vécues dans la petite enfance.

La peur d'être humilié

Elle se remarque souvent dans les fratries, où les plus petits ont parfois été humiliés par les plus grands. D'autres fois, c'est un adulte ayant abusé de son pouvoir qui a fait naître ce sentiment.

La peur de ne pas être satisfaisant

Elle s'apparente au sentiment d'être non gratifiant, de ne jamais prendre la décision/l'initiative qu'il faut.

La particularité de ces peurs (que le psychosociologue Charles Rojzman appelle nos blessures intérieures) ? L'une d'entre elles domine les autres ; quand on demande à quelqu'un : "Quelle est la pire chose qu'on pourrait nous dire ?", c'est elle qui ressort. Elle s'observe également dans notre quotidien…, car nous faisons souvent ce que nous redoutons le plus ! Par exemple, je travaille avec des collègues sur un projet et je ne suis pas sûre d'avoir les compétences qu'ils attendent de moi. J'ai peur qu'ils s'aperçoivent de mes failles et me trouvent nulle. Je vais inconsciemment renvoyer la responsabilité de l'échec du projet sur eux. Donc je "prends les devants" et quitte ce groupe à la première difficulté, prétextant que mes collègues sont nuls. Si j'ai peur d'être abandonnée et que je rencontre quelqu'un à qui je m'attache, je vais rompre très vite, par crainte que l'autre ne le fasse. Si j'ai peur d'être humiliée, je vais me débrouiller pour mettre l'autre en position d'infériorité. Et si j'ai peur d'être jugée insatisfaisante, je trouve une stratégie où c'est l'autre qui sera considéré comme méchant, non gratifiant. Par exemple, en couple, n'étant pas sûre que mon désir (aller faire un tour à la mer) vaille le coup, je le tais et me fonds dans le désir de l'autre. Ainsi, je ne peux pas être jugée insatisfaisante et j'endosse le costume de gentille. En réalité, je ne prends pas le risque de dire mon désir, car j'ai trop peur que l'autre trouve mon projet (et moi-même) banal(s). Je lui laisse donc porter la responsabilité du choix. Mais j'en garde un agacement contre lui. S'il me reproche d'être distante, j'aurais beau jeu de passer pour celle qui se sacrifie ! En réalité, je me raconte des histoires... Je n'ai pas pris soin de mon besoin, c'est de la "fausse" gentillesse. Si cela ne l'était pas, il n'y aurait aucune raison que je lui reproche quelque chose !

Face à un autre adulte, nous devrions reconnaître que nous avons tous deux des peurs que nous nous efforçons de camoufler, qui nous rendent susceptibles sur ce sujet. Sinon, nous interprétons sans cesse les propos de l'autre : n'est-il pas en train de nous trouver nuls, de nous humilier ?

Au début de ma carrière, un parent m'avait interpellée : "En classe, hier, vous avez dit qu'il y avait cinq continents ; vous avez oublié l'Antarctique." Sa réflexion m'a d'abord ennuyée puis plus amusée que vexée : je ne me sens pas susceptible sur la question des savoirs. Dans le fond, je ne crois pas que je suis nulle. En revanche, un enseignant peu sûr de ses compétences scolaires pourrait mal prendre une telle remarque. Il se sentirait attaqué là où il est fragile (il a peur d'être nul). Par contre, si un parent venait me dire : "Mon enfant ne vous aime plus, il ne veut plus revenir à l'école", je serais ébranlée parce que cette réflexion résonnerait avec mon histoire. Me sentant peu aimable, enfant, je reste chatouilleuse sur cette question, adulte. À l'inverse, en fin d'année scolaire, je peux laisser partir les CM2 sans larmes. N'ayant pas la peur d'être abandonnée, je n'ai pas de mal à trouver la bonne distance avec eux. Je leur dis : "Vous allez voir, la 6e, c'est génial !"

Face à un enfant, je dois me rappeler que j'ai un ascendant sur lui du fait de mon statut d'adulte et de sa dépendance. Je dois veiller à ne pas abuser de mon pouvoir, l'humilier ou lui prêter des intentions qu'il n'a pas, notamment celles de venir me chercher là où je suis fragile. C'est souvent ce que croit l'adulte lorsqu'il dit : "Il me provoque !" J'avais une collègue qui craignait d'être mauvaise enseignante. Redoutant d'être dépassée par ses élèves, elle se montrait sèche envers eux. Quelques-uns se rebellaient, ce qui venait lui confirmer qu'elle était nulle. Peu à peu, elle a admis que lorsque ses élèves s'agitent, ils ne savent pas dans quel état de fragilité elle se retrouve, qu'il y a en elle une petite fille redoutant d'être nulle. Les enfants ne pensent pas une seconde qu'une maîtresse puisse avoir cette peur ! Face à cet adulte qui les gronde de façon injuste, ils ont le choix entre trois postures que nous détaillerons plus loin : la fuite, l'attaque, ou l'inhibition. Ils choisissent l'attaque en se rebellant, mais ils auraient pu fuir ("Cette maîtresse, de toute façon, je ne l'aime pas") ou s'inhiber (ils se replient mais préparent une "vengeance"). La voyant réagir à l'excès, ils ne sont pas rassurés alors ils enfoncent le clou : ce n'est pas tranquillisant, un adulte qui ne prend pas sa place. Avoir un ventre mou devant eux ne rassure pas les enfants. Ils veulent être contenus, avoir confiance en cet adulte. Ils en ont d'autant plus besoin qu'ils cherchent leurs points de repère. S'ils constatent qu'à la première réflexion, l'adulte est ébranlé, ils s'inquiètent et vont de nouveau le titiller pour voir à quel endroit ils trouvent une résistance. Le langage courant dit : "Ils nous cherchent ! Les enfants ont l'art d'aller du côté de nos failles." En réalité, ils sont réellement inquiets. Du coup, ils testent pour se rassurer et lorsqu'ils trouvent une limite au cadre, ils sont tranquillisés. C'est comme s'ils avançaient dans une pièce noire, dont ils ne voient pas les murs. Dès qu'ils les sentent, ils s'apaisent. Plus un enfant est structuré, moins il est inquiet de ne pas rencontrer de murs. Mais un adulte non fiable déstabilise l'enfant qui ne dispose pas d'une grande sécurité intérieure. Notre rôle d'enseignant, c'est de transmettre de la tranquillité aux élèves. En étant cohérents et au clair avec ce que nous demandons aux élèves, nous les rassurons. Ils se disent : "Celui-ci, il ne changera pas d'avis d'un jour à l'autre, je peux compter sur lui."

Menacé, il réagit...

Par principe, n'importe quel individu qui se sent attaqué réagit par la fuite, l'attaque ou l'inhibition. Ces trois systèmes, en soi, sont tous bons : nous avons besoin de nous défendre lorsque nous sommes attaqués. Le pire serait en effet de ne rien faire... Mais nous restons souvent focalisés sur le système que nous préférions, enfants. Est-il toujours adapté aujourd'hui ? De plus, cessons de penser qu'une grande personne ne devrait pas avoir besoin de se défendre ! Cela nous éviterait de culpabiliser d'être soumis à ce principe.

La fuite

Dans le monde animal, la fuite est la stratégie utilisée dans 90 % des cas. Si le fuyard prend conscience qu'il fuit, il ne cherche plus à s'inventer des excuses, à se justifier à grand renfort de mauvaise foi. Il fuit en toute conscience. Il y a des années, j'avais peur d'un père d'élève, très agressif. J'aurais pu faire preuve de mauvaise foi en le dénigrant (en son absence, bien sûr !) devant d'autres parents. Mais je ne me suis pas raconté d'histoire. Je l'évitais car j'en avais peur. Si une collègue m'avait dit : "On dirait que ce parent te fait peur", j'aurais acquiescé : "Oui, je n'ose pas l'affronter ; je me sens en danger face à lui." La sincérité est le meilleur moyen pour que l'autre se livre à son tour : "Moi non plus, je ne serais pas très rassurée..."

L'attaque

Être attaquant n'est pas toujours un rôle facile à porter... Le prix à payer ? Faire du bruit, prendre trop de place. Mais quelquefois, il est légitime d'attaquer, sans avoir l'intention d'être méchant, simplement parce que quelque chose indigne ou met en colère. Répondant à un journaliste qui l'interviewait sur ses célèbres colères, l'Abbé Pierre répondait : "Mais nous devrions tous nous mettre en colère que dans un pays comme la France, des gens aient faim et dorment dehors ; je ne suis pas méchant parce que cette réalité me met en colère !"

L'inhibition

L'inhibé réagit souvent en deux temps. D'abord, il se replie ou se dit : "Même pas mal !" puis il réagit. Il rumine : "J'aurais dû dire/dû faire..." ou cherche à se venger. Comme il n'a pas réagi sur le coup, il s'agace, râle contre l'autre et reprend ainsi le pouvoir sur lui-même. Nous gagnerions du temps et de l'énergie à oser dire à l'autre ce que nous avons ressenti. Pas pour régler nos comptes mais parce que nous avons besoin de l'exprimer, pour ne plus nous sentir perdants. En repérant comment nous utilisons ces systèmes de défense, nous apprenons à nous accepter avec nos failles. Et oui, par moments, nous sommes obligés de nous défendre. Le reconnaissant, nous sommes en paix avec nous-mêmes. C'est vrai, nous n'aimons pas trop l'enfant peureux ou timide en nous. Mais ce n'est pas la mission des élèves en classe de venir soigner cette part-là en nous !

Il coéduque avec les parents

Nous, enseignants, sommes à un poste d'observation idéal pour échanger avec les parents sur leur façon d'assumer la fonction qui procure la sécurité affective à l'enfant et celle qui le pousse à aller de l'avant, quitte parfois à les inciter à "oser" pousser leur enfant vers l'avant ! Je me souviens d'une mère, grande angoissée, qui couvait beaucoup sa fille de 10 ans. Laquelle s'apprêtait à partir faire un stage en montagne mais l'angoisse de sa mère la faisait douter de ses capacités. Le père semblait tenté, mais il n'osait pas se prononcer. Ne se sentant pas à la hauteur dans son rôle de père, il adoptait facilement le point de vue de sa compagne. Nous avions rendez-vous quelques jours avant le potentiel départ en stage de la fillette ; les parents n'étaient toujours pas convaincus qu'elle y serait à son aise. Il suffisait de peu pour que la situation penche d'un côté ou de l'autre. Connaissant la fillette (très solide), je me suis permis d'appuyer sur un côté de la balance : "Mais si, votre fille a le niveau pour faire ce stage en montagne. Elle est robuste !" Je devais légitimer la position du père... Quand l'enfant a été suffisamment nourri de sécurité intérieure, il se sent assez confiant en lui pour qu'on l'incite à se lancer. Cela l'aide à avancer : "Mais pourquoi les autres y arriveraient et pas toi ? Il n'y a pas de raison !"

Il ne demande pas à l'élève de nourrir son estime de soi

Quand l'enseignant s'adresse aux élèves, son ton ne doit pas laisser penser qu'il n'est pas sûr de sa légitimité à leur imposer quelque chose, qu'il n'est pas sûr de savoir faire, qu'il préférerait que ces derniers trouvent leurs limites eux-mêmes ou qu'il craint de ne plus être aimé. Dans la relation enseignant/élève, cette problématique est essentielle ; ce n'est pas le rôle des élèves de nourrir l'estime de soi de l'enseignant. À l'inverse, adopter une attitude juste et ferme donne de l'air à la relation enseignant/élève. En classe, quand je dis aux enfants : "On se calme un peu", je ne dis pas cela pour les embêter. J'assume qu'ils ne soient pas contents mais je ne leur demande pas de m'obéir pour me faire plaisir. Sans quoi je leur fais porter la responsabilité à ma place et cela ne peut pas marcher. S'ils sont dociles, les enfants vont obéir mais râler par-derrière. S'ils sont rebelles, ils vont s'opposer. Les enfants jugés insolents testent la résistance de l'adulte face à eux ; s'ils sentent que l'adulte tient bon, ils n'y reviennent pas...

L'enseignant ne vient pas demander de l'affection ou de la reconnaissance aux élèves. Il peut supporter qu'ils se montrent butés ou opposés : il ne le prend pas comme une marque de défiance car il pense que ce qu'il demande est juste et positif, pour eux. Par ce comportement, l'enseignant n'attend rien des élèves. Ce qui rend ces derniers disposés à se montrer coopérants, puisque, ainsi, il n'y a pas d'enjeu affectif ou de pouvoir entre l'enseignant et eux. L'adulte est responsable des besoins de l'enfant.

Cette attitude de l'adulte soulève une autre question, que je pose souvent aux enseignants en stage ici : c'est quoi, un bon élève ? Il ne doit pas obligatoirement être gentil avec moi, bien m'aimer. Si c'est un enfant souriant et sympathique, c'est plus agréable, c'est vrai. Mais ce n'est pas sa mission. Son travail, c'est d'écouter en classe et de mémoriser. Dans la relation entre l'enseignant et lui, il peut y avoir de la sympathie..., mais il n'y a pas d'obligation. Cette dimension est très forte avec les enfants en CP ; ils font des dessins à leur maîtresse, la couvrent de compliments. Peu à peu, cela se tasse. Mais en CE1 ou CE2, si l'enseignant n'a pas réglé cette question, les élèves entendront le message implicite qu'il leur envoie et resteront dans une relation où l'affectif prend de la place et où ils sentent qu'ils doivent faire plaisir à l'adulte pour qu'il aille bien. Le message implicite renvoyé aux élèves revient à : "Dites-moi que je suis quelqu'un d'aimable." L'enseignant se trompe de public : ce n'est pas aux autres, mais à soi-même, qu'il faudrait envoyer ce message. Devant ce type de situation, il faudrait aller voir ce que cette demande muette signifie, et visiter une blessure d'enfance qui vrille la relation avec les enfants. Tant que nous n'aimons pas les parts d'ombre et de lumière en nous, que nous ne câlinons pas les parts qui ont souffert quand nous étions enfant, nous demandons inconsciemment à l'autre de valider que nous sommes aimables. Nous sommes alors en position de quémandeur... Ce qui fait beaucoup d'attentes et de risques d'être déçu ! S'aimer ne se fait pas du jour au lendemain, surtout pour nous, imprégnés de culture judéo-chrétienne qui nous a répété pendant des décennies de ne pas trop nous regarder le nombril. Mais nous pouvons garder cet objectif en ligne de mire, ou en avoir conscience lorsque nous débutons devant une classe. Sans quoi, au premier mécontentement, deux solutions s'offrent à nous : reporter notre insatisfaction sur l'autre, responsable de tout ce qui ne fonctionne pas dans notre vie. Cela fera de nous des enseignants qui râlent sans cesse sur les élèves. Ou alors, estimer que tout est de notre faute, ce qui nous fera déprimer. Il est important d'être au clair avec soi-même pour éviter de faire porter cette mission de réparation à l'enfant, ce qui crée beaucoup de malentendus et de souffrance chez l'adulte et par ricochet chez l'enfant. Or, c'est à l'adulte de se responsabiliser. L'enfant, lui, est en plein apprentissage du lien.

Il n'a pas de projet face à l'élève

Si nous arrivons chargés de projections, attendant de lui qu'il soit bon en classe, et d'accord avec nous, l'enfant perçoit les enjeux inconscients et se retrouve alors en position d'arbitre. Il se dit: "Tu me demandes d'adhérer à ton projet, et te prouver ainsi que tu es une bonne prof. Donc je dois réussir cet exercice/bien répondre en classe pour te faire plaisir. Mais je n'ai pas envie, donc je ne le fais pas." Idéalement, il ne faudrait pas formuler de projet à la place de l'élève. Par exemple, l'enseignant devrait s'interdire de faire une hiérarchie entre les différentes matières. Cette posture neutre laisse le champ libre à l'enfant pour s'investir dans ses apprentissages comme il le désire, et non en fonction de ce qui est projeté sur lui.

Il ose déplaire ou poser une sanction

Il y a quelque temps, un parent vient me voir, ulcéré: "Je ne supporte pas que tu sanctionnes mon enfant. Je ne pensais pas que, dans cette école, tu ferais ce genre de choses..." Je lui réponds: "Assieds-toi et propose-moi une autre solution que la sanction. Cela fait trente ans que j'enseigne et je ne sais pas comment faire face à un élève qui perturbe toute la classe et empêche un groupe de travailler. Dis-moi ce que nous pourrions faire d'autre?" La discussion a tourné court: il a fini par comprendre ma posture.

Bien sûr, si la sanction est humiliante ou injuste, elle n'a aucun intérêt. Mais si elle est intelligente et juste, la sanction est positive. Elle a un sens pour celui qui la reçoit, et pour celui qui la donne. Parfois elle permet juste à l'enfant de se recaler une fois la limite comprise. D'autres fois, elle calme juste le jeu et rassure l'enfant. Il a fait une erreur, il l'a réparée, il a appris quelque chose et a grandi, c'est tout.

X
LE MÉTIER DE PARENTS

1. Les rôles parentaux, état des lieux

Sécurité affective, confiance en soi pour aller de l'avant

Pour grandir, un enfant a besoin de deux tuteurs, son père et sa mère. Pendant des années, on a pensé que l'homme incarnait l'autorité, la loi. Et la femme était pourvoyeuse de sécurité affective. Aujourd'hui, nous avons compris que le père comme la mère doivent incarner ces fonctions. Le quotidien avec un enfant nous le rappelle : nous ne cessons de passer d'une position câlinante à une autre, où il est nécessaire d'être plus ferme. Il serait donc plus juste de modifier la première phrase de ce paragraphe. Pour se construire, l'enfant a besoin d'être étayé par des adultes assurant tour à tour deux fonctions : d'un côté, la fonction maternante. Bienveillante, elle procure de la sécurité affective à l'enfant. Elle l'encourage et le nourrit de son amour inconditionnel. Ainsi conforté, l'enfant se dit : "Je sais que je peux faire tous les essais et erreurs que je veux, quoi que je fasse, on m'aimera toujours sans condition." De l'autre côté, la fonction paternante : elle rassure, tient bon, résiste quand l'enfant s'oppose, pose le cadre et répète à l'enfant : "Vas-y, lance-toi, crois en toi. Mais si, tu en es capable !" Pour symboliser ces fonctions par des images, la première pourrait être illustrée par deux bras qui s'ouvrent pour accueillir l'enfant ; la seconde, par une main posée dans le dos de l'enfant, qui lui donne l'impulsion pour aller de l'avant. Ces deux fonctions n'ayant rien de spécifiquement réservées aux femmes/aux hommes, chaque parent devrait endosser l'une et l'autre même si culturellement, les femmes ont eu tendance à assumer la fonction maternante, et les hommes, la fonction paternante. C'est normal : vers 7-8 ans, l'individu est obligé de regarder ce que cela fait de devenir un homme si c'est un garçon/de devenir une femme si c'est une fille. Comme notre société définit que ce qui est maternant se trouve plutôt du côté des mères, et ce qui est paternant du côté des pères, l'enfant rentre dans la peau de son identité de genre. À l'âge adulte, il devrait pouvoir revisiter les deux fonctions. Face à un élève, je suis dans une fermeté bienveillante, comme l'appelle le pédopsychiatre Olivier Revol. Mon attitude signifie : "Oui, je t'aime, mais là, maintenant, il va falloir se remonter les manches !" Il y a du maternant, mais aussi du paternant.

Trop de maternant, trop peu de paternant...

Ça, c'est la théorie. Mais dans la pratique, les choses ne sont pas aussi simples. Les rôles parentaux ont vécu une véritable révolution ces cinquante dernières années. En quelques décennies, nous sommes passés d'une éducation basée sur une autorité parfois abusive, qui se résumait par : "Un enfant, ça se dresse !" ou "C'est le parent qui sait ce qui est bon pour l'enfant" à une éducation parfois bienveillante à l'excès, qui refuse d'imposer quoi que ce soit à l'enfant... Ce mouvement de balancier montre deux extrêmes ; dans un cas, une fonction paternante abusive (l'autoritarisme qui génère un ressenti d'humiliation chez l'enfant) et dans l'autre, une fonction maternante abusive (le laxisme qui génère une estime de soi défaillante chez l'enfant).

Mai 68 a définitivement enterré le modèle autoritariste ; il n'est plus question d'élever ses enfants par la force ou l'humiliation. L'évolution était salutaire, mais elle a engendré un effet secondaire regrettable : les hommes manquent de repères pour savoir comment être un père sans associer cette fonction à la hiérarchie, la domination. Ils ont tellement peur de tomber dans les excès d'autorité des générations passées que certains préfèrent endosser une fonction uniquement maternante. Dans le même temps, le quotidien au travail s'est durci ; la famille représente le dernier refuge contre un monde brutal si bien que les parents voudraient bénéficier des joies de la parentalité sans en assumer les contraintes. Cette tendance est aussi un effet de l'évolution de notre société qui pose comme diktat le bien-être de l'enfant et finit par faire croire aux parents qu'ils vont "rater" l'épanouissement de leur enfant s'ils lui disent non ou le contrarient. Ils se détournent alors de la fonction paternante, jugée peu gratifiante, et assurent la fonction maternante, un peu, beaucoup et même un peu trop, dans certains cas. Par ailleurs, quelques adultes dont le couple tangue se réfugient dans leur rôle de parents et y investissent toute leur énergie. C'est le cas de certaines femmes qui ont du mal à voir leur enfant se séparer d'elles quand il grandit (ou, plus tard, lorsqu'il prend son envol). Elles se consacrent à 100 % à leur rôle maternel et s'écroulent lorsque l'enfant s'en va, obligeant ce dernier à ne pas aller tout à fait bien, ce qui justifiera qu'elles s'investissent de nouveau ; ou alors, elles endossent le statut de victimes, se désolant de l'ingratitude de cet enfant : "Avec tout ce que j'ai donné pour lui, voilà comment il me remercie..."

Tout ne se négocie pas

Craignant d'être trop autoritaires, de nombreux parents n'osent plus rien dire. L'enfant ne veut pas aller faire les courses ? Ils préfèrent négocier qu'imposer. Pourtant, tout n'est pas négociable : on ne peut pas attendre que l'enfant ait envie d'aller faire des courses pour l'emmener (il peut n'avoir jamais envie !). L'enfant pourrait en revanche entendre que pour l'instant, comme il est petit, il est dépendant de ses parents. Donc il n'a pas le choix. Ce n'est pas drôle ? C'est exact, mais c'est la vie. Il suffirait de lui rappeler : "On ne fait pas les courses exprès pour t'embêter. Dans la mesure où on peut répondre à tes désirs, on le fait. Mais on ne peut pas te laisser donner ton avis là où tu ne peux pas choisir. Ce serait malhonnête de notre part." Laisser l'enfant choisir alors qu'il n'y a qu'une réponse qui nous convient, c'est un panneau dans lequel nous sommes tous tombés... Par exemple, demain, il y a un déjeuner chez mamie. Nous demandons à l'enfant s'il veut venir. Nous rêverions qu'il dise oui, mais comme il a la possibilité de dire non, il saute sur l'occasion ! Et nous voilà coincés, essayant de le manipuler pour qu'il change d'avis : "Il y aura les cousins, vous jouerez dehors, ce sera bien !" L'enfant tient bon, il ne veut pas y aller... Il aurait mieux valu ne pas lui demander son avis puisque nous n'en tiendrons pas compte. Il aurait été plus simple d'assumer notre rôle de parents : on va chez mamie. Ce n'est pas abusif, c'est ainsi. Il n'est pas plus abusif de lui faire manger des légumes : "Toi, tu sais ce dont tu as envie, mais moi, je sais ce dont tu as besoin. Et les légumes, c'est bon pour toi." À l'école, il m'arrive de dire à un enfant : "Fais-moi confiance, je sais que c'est important que tu apprennes cette leçon. Je suis adulte et je sais que c'est utile de l'apprendre quand on est enfant. Tu n'as pas encore l'expérience qui te permet de le comprendre." D'aucuns jugeront peut-être que c'est une remarque paternante abusive. C'est parce qu'ils mettent dans le même panier le cadre et l'abus de pouvoir. Ils ne font pas le tri, pas davantage qu'ils le font à propos de la bienveillance propre à la fonction maternante. Ils considèrent que trop de bienveillance ne peut pas nuire. En réalité, une bienveillance excessive génère une faible estime de soi chez l'enfant. En voici l'illustration. Imaginons un enfant qui marche avec son parent sur un chemin couvert de trous et de cailloux. Cet adulte un peu trop bienveillant enlève les cailloux, bouche les trous. Puis il enjambe un grand trou. L'enfant, qui n'a jamais franchi un trou tout seul, bute devant l'obstacle et regarde son parent, affolé. Lequel s'angoisse de le voir en souffrance... alors que l'enfant aurait seulement besoin d'entendre : "Tu te recules un peu, tu prends de l'élan et tu sautes. Mais si, tu vas y arriver." L'enfant n'a pas besoin qu'on lui demande s'il est content, s'il a peur. Il voudrait juste qu'on l'aide à oser ! C'est en cela que la fonction paternante est nécessaire et vivifiante, car elle rassurante. Par ailleurs, elle n'attend rien de l'enfant ; elle pense que ce qui lui est demandé est juste et neutre. Cette fonction ne se limite pas à la sphère familiale. Un bon exemple ? En sport, quand l'entraîneur ou le capitaine de l'équipe s'écrie : "Allez, on va y arriver, on continue comme ça !" Cette personne qui y croit à notre place injecte de l'énergie positive, comme si elle montrait le chemin. Cette fonction paternante nous sert de précieux étai. Regardons comment nous, pourtant arrivés à l'âge adulte, sommes rassurés lorsque quelqu'un croit en nos capacités...

Jouer la complémentarité

La plus grande difficulté, c'est de trouver la juste distance : côté maternant, une bienveillance qui ne tombe pas dans le copinage ; côté paternant, un cadre posé qui ne soit pas abusif. Les enfants d'aujourd'hui nous contraignent à trouver cette bonne distance... sans même en être conscients ! Ils sont plus habitués que nous l'étions à prendre la parole et à pointer ce qui ne leur convient pas ou leur semble incohérent dans l'attitude des parents. Résultat ?

La relation avec eux s'en trouve enrichie, mais elle oblige les adultes à assumer des postures parentales à la bonne distance : lorsqu'on éduque un enfant, on est contraint de faire des choix. Puisqu'on s'expose – on ne peut pas faire autrement – autant opter pour des choix qui en valent la peine, en étant le plus juste possible.

Pour parvenir à ce but, les parents peuvent jouer la complémentarité pour assurer les deux fonctions dont a besoin l'enfant. L'un des parents est souvent plus à l'aise que l'autre pour fixer une des règles du quotidien, par exemple l'heure de coucher, parce que ce n'était pas un sujet sensible pour lui lorsqu'il était enfant. Il n'a donc pas de mal à s'occuper du coucher. L'autre, plus à l'aise pour demander un coup de main aux enfants pour les tâches du quotidien, intervient plutôt sur ce thème-là. Fut un temps où j'avais du mal à endosser la fonction paternante auprès de mes propres enfants… J'avais tendance à rajouter un ruban rose après avoir dit "non", pour qu'ils continuent de m'aimer. Résultat ? Ce "non" donnait lieu à des négociations sans fin, ou alors j'attendais que mes enfants soient d'accord avec moi ! S'appuyer sur la complémentarité et décider à l'avance lequel des deux parents prend la parole au moment d'intervenir auprès de l'enfant est un bon moyen pour poser un cadre juste et clair. L'adulte doit se rappeler qu'il est responsable de ses propres besoins et de ceux de ses enfants.

2. Avoir le moins de projets possible

N'importe quel parent a un projet pour son enfant : nous avons inscrit notre enfant à telle école maternelle parce que le cadre ou les enseignants nous séduisaient. Nous avons choisi son collège parce qu'il était réputé, parce qu'il y avait des options artistiques ou sportives… Nous voulons sincèrement qu'il soit heureux, qu'il trouve sa place, qu'il vive en paix avec les autres, etc. Faire ce projet est indispensable pour accompagner notre enfant, mais il doit rester souple et sans cesse s'adapter à la réalité. Étape ultime, mais subtile : déceler ce que ce projet dissimule comme intention masquée. Parfois, il est connoté d'une envie de réparer notre enfance ; parfois aussi, il s'agit d'un projet que nos parents nous ont fait porter et nous ne voudrions pas que notre enfant "reprenne le flambeau", alors que nous avons nous-mêmes lutté pour nous en libérer ! Mais la situation n'est guère plus simple quand l'enfant reprend l'un de nos rêves que nous n'avons pas réussi à réaliser ou que nos parents nous ont empêchés de mener à bien. D'autres fois, ce projet sert à démontrer aux yeux des autres que nous sommes de bons parents. Il y a des chances que notre enfant se rebelle… Vient un jour où nous devons abandonner notre projet car il est temps que notre enfant construise le sien, qui ne sera pas forcément jumeau du nôtre. Ce n'est pas facile ; il faut combattre la petite voix en nous qui murmure : "Il m'a l'air bizarrement ficelé, son projet, non ?" ou "Il ne va quand même pas faire ceci ou cela ?" Et faire confiance à notre enfant, même s'il ne marche pas tout à fait (ou pas du tout) sur nos traces.

Notre enfant ne nous appartient pas, il a sa vie à bâtir et doit s'extraire de notre matrice parentale pour devenir lui-même. Khalil Gibran analyse formidablement cette posture dans *Le Prophète*, dans le chapitre "Vos enfants ne sont pas vos enfants". Dans la culture musulmane, une formule résume bien notre rôle d'éducateur : "Jouez avec eux sept ans, éduquez-les sept ans et soyez leurs amis sept ans." Pour chacun de mes trois enfants, j'ai en effet constaté que la maturité d'adulte survient à 21 ans plutôt qu'à 18 !

3. Identifier nos doubles messages

Dans un monde idéal, nous serions des parents tout le temps cohérents. Nous ferions ce que nous dirions, nous montrerions les sentiments que nous ressentirions. Dans la vraie vie, il y a souvent un décalage entre nos paroles et nos désirs ou ressentis profonds. Il faut accepter cette ambivalence en nous, dont voici quelques échantillons :

– "Tu as le droit de dire quand ça ne va pas / Mais tu dois trouver que les choix que nous avons faits pour toi sont bons" ;

– "Fais comme tu veux / Mais fais de préférence comme j'ai dit" ;

– "Reste petit / Mais je veux bien t'offrir des trucs de grands si j'ai l'impression que tu ne m'aimerais plus si je te les refusais" ;

– "Mes enfants choisiront ce qu'ils veulent comme métier / Mais le neveu qui m'épate vient d'entrer à Polytechnique" ;

– "L'école, pour nous, c'est très important / On ne s'occupe jamais des devoirs et les enfants se couchent à l'heure qu'ils veulent" ;

– "Au travail, je ne peux pas poser de congés comme je veux / On part en vacances 8 jours avant la fin de l'école. Cela ne gêne personne" ;

– Devant l'enfant : "Tu as encore pris un avertissement en classe ? Non mais ça ne va pas ?" / Au téléphone, amusée, avec une amie : "Tu ne sais pas la dernière de Lucas ? Il ne manque pas de culot, celui-là…" ;

– "Écoute la maîtresse, sois respectueux envers les autres / Sois quand même un peu rebelle, tu es un garçon, quoi !".

L'enfant cherche la cohérence en nous, mais ne la trouve pas toujours. Pas seulement parce qu'il y a un décalage entre ce que nous déclarons et ce que nous pensons vraiment. Il arrive aussi que nous ressentions une émotion mais que nous montrions tout autre chose, car nous évaluons mal nos états émotionnels, parce que nous ne sommes pas habitués à les prendre en compte, parce que, enfants, nous n'avions pas le droit d'être en colère/triste, ou parce que nous attendons des autres qu'ils nous indiquent ce que nous devrions ressentir ou simplement parce qu'ils sont en contradiction avec ce que nous aimerions dire. Par exemple, une mère peut être fatiguée par le chahut de son enfant ; s'il lui demande un câlin, elle ne va pas oser le lui refuser car une petite voix dans sa tête lui dit qu'un bon parent ne refuse jamais un câlin. Mais il y a des chances que l'enfant reçoive un "câlin paradoxal" : la mère ressent de la colère mais son mental lui intime l'ordre d'être une bonne mère. Elle fait un câlin alors qu'elle est tendue. Cette situation livrant deux informations contradictoires insécurise l'enfant : "Où est mon parent : avec moi ou contre moi ?" L'enfant pense toujours qu'il est la cause de cette contradiction et cherche ce qu'il aurait pu faire de mal.

Nous ne parviendrons probablement pas à balayer du jour au lendemain tous les doubles messages que nous envoyons à l'enfant. Mais en devenant plus vigilants, nous éviterons quelques malentendus qui brouillent la communication. L'enfant répond en effet volontiers à la demande "clandestine" de notre discours (ce qu'il perçoit) plutôt qu'à la déclaration "officielle" (ce qu'il entend).

4. Accepter les émotions de l'enfant sans les juger

Les émotions ressenties par l'enfant bousculent parfois les parents bien au-delà de ce qu'ils l'imaginaient. Par exemple, l'enfant affiche une mine triste ces jours-ci. Selon l'histoire de chacun, les parents pourront accepter la tristesse passagère de leur enfant, sans dramatiser ; mais d'autres pourront s'alarmer voire se crisper devant l'air si malheureux de leur enfant : "Comment peux-tu être triste, avec l'attention que nous te portons/avec la vie que nous te fabriquons ?" Parfois même, le parent peut refuser cet état émotionnel à son enfant : "Mais non, tu n'es pas triste. Tu n'as pas de raison de l'être !", si lui-même a du mal à se défaire de ce sentiment ou si, enfant, il était lui-même triste et avait de bonnes raisons de l'être... Le message perçu par l'enfant est alors : "Tu n'as pas le droit d'être triste. Cela me fragiliserait trop de te voir malheureux."

Difficile de voir son enfant en proie à la peur, la colère, la tristesse, lorsque nous avons le sentiment de "tout" faire pour qu'il soit épanoui... Pourtant, c'est en acceptant qu'il exprime ses émotions que nous l'aidons. Elles lui envoient un message d'alerte pour lui signifier quelque chose. En les prenant en compte, l'enfant pourra s'en libérer ensuite. Il va en effet réaliser qu'il peut être triste un moment sans être déprimé pour toujours, qu'il peut avoir peur sans être pour autant froussard. Une phrase de Nelson Mandela, affichée sur un mur dans notre salle commune, le rappelle : "J'ai appris que le courage n'est pas l'absence de peur, mais la capacité de la vaincre". En acceptant les émotions "douloureuses" qu'il ressent, l'enfant apprend à les vivre et à les laisser partir, pour accueillir et savourer les émotions plus agréables.

5. Décliner les principes de l'école à la maison

Il y a des familles qui appliquent les principes appris à l'école dans le cadre privé. Certaines s'enrichissent de la façon dont l'enfant exprime ses émotions, et le reprennent à leur compte au quotidien. C'est un excellent outil pour désamorcer les conflits naissants entre frères et sœurs, surtout si la fratrie est nombreuse et/ou les enfants rapprochés ! D'autres, enfin, sont devenues adeptes du vivre ensemble. Une fois par semaine (ou un peu moins souvent), les membres de la famille se réunissent autour de la table de la cuisine pour débattre de ce qui a plu et moins plu ces derniers temps. Un enfant peut manifester son mécontentement sur les activités du week-end ; un parent, signaler que les enfants ne sont pas très réactifs sur les tâches ménagères, etc. Nous l'avons pratiqué avec mes enfants : lorsque l'un de nous cinq trouvait que la maison devenait vraiment sale, il le signalait aux autres, et les trois enfants, leur père et moi-même nous y mettions activement un samedi matin. Comme personne n'aimait faire le ménage, il était beaucoup plus stimulant de le faire à cinq que tout seul en râlant !

Dans la vie commune à l'école, les enfants ont leur mot à dire sur la récréation, la cantine, les animations mais ce ne sont pas eux qui décident de tout... Souvent, je leur demande : "Est-ce les enfants qui choisissent ce qu'ils doivent apprendre ?" "Savez-vous déjà ce qui sera bon pour vous, une fois adultes ? À 10 ans, on ne sait pas forcément ce qui est bon pour soi puisqu'on n'a pas d'expérience." À l'un de mes enfants qui se plaignait qu'un professeur ne le respectait pas, je répondais : "Tu lui demandes de te respecter ? Tu as raison. Peux-tu en parler avec lui ? Pas forcément, alors je te propose de le respecter. Tu vas réaliser que tu peux apprendre l'anglais avec un professeur que tu n'aimes pas beaucoup. Il n'est pas là pour que tu l'aimes, mais il a sûrement quelque chose à t'apprendre quand même. Par contre, si tu as besoin que je prenne ta défense, tu peux compter sur moi, j'irai le rencontrer."

Il peut en être de même en famille ; il y a des espaces de parole précieux, dans lesquels s'invente et se discute la vie de la famille : que décide-t-on pour les vacances d'été, à quelle fréquence les enfants rangent leur chambre, etc. Mais en dernier recours, ce sont les adultes qui posent le cadre. Parce qu'un enfant est petit et ne sait pas toujours ce qui est bon pour lui.

6. Rester deux parents, après une séparation

Puisqu'il est question de la vie en famille, il me semble utile de dire quelques mots de la séparation parentale. Il y a à l'école des enfants de parents séparés, ni plus ni moins que dans n'importe quelle école en France. Et, comme ailleurs, il y a des parents qui ont réussi leur séparation... et d'autres, non. Je vois parfois des enfants qui ne s'inscrivent ni dans le temps ni dans l'espace. C'est normal, ils ne savent pas où ils habitent. Ils sont pris entre deux foyers et deux parents qui ne s'entendent pas. Je me souviens d'une fillette en garde alternée, avec deux parents en guerre l'un contre l'autre. "Elle ne raconte jamais rien de sa journée lorsqu'elle rentre !", se plaignait l'un des parents. Mais comment pourrait-elle en parler si, dès qu'elle raconte à l'un des parents ce qu'elle a vécu chez l'autre parent, elle sent son père (ou sa mère) se crisper... ou elle constate que l'ambiance à la maison devient orageuse ? Notre responsabilité est d'éviter ce conflit de loyauté.

Même si elle est devenue plus fréquente, la séparation reste un événement marquant dans la vie de l'enfant ; lequel se retrouve face à cette interrogation douloureuse : "Je suis fait de deux parties en moi, l'une provenant de mon père, l'autre de ma mère. Comment puis-je faire pour m'aimer, avec deux parties en moi qui m'ont créé et qui se détestent ?" On le voit avec nos propres amis qui se sont séparés : il est compliqué de rester en contact avec les deux ex-conjoints. Compte tenu de la fréquence des divorces, la société a eu besoin d'adopter un discours tolérant vis-à-vis de la séparation. Ce n'était pas le moment de dire aux couples qui se quittaient que leur décision allait faire du mal aux enfants ! Mais l'événement a beau être fréquent, il n'en devient pas banal pour autant. Et cette étape, nécessaire souvent, précipitée quelquefois (me semble-t-il), implique des bouleversements complexes à gérer pour les parents. Ainsi, il n'est pas évident d'assumer en même temps la fonction maternante et paternante, notamment quand le couple vient de traverser des moments difficiles. Les parents ont le sentiment que la séparation a tellement fragilisé leur enfant qu'il a besoin d'être protégé. Il a aussi besoin que l'on reconnaisse que c'est difficile pour lui car il n'a pas le choix. Il faut le rassurer sur la pérennité de l'amour parental. Il doit aussi continuer à avancer dans sa vie. Il est soulagé d'entendre qu'il n'y est pour rien dans la séparation, que ce sont les deux adultes amoureux qui se séparent mais que le père et la mère restent présents à ses côtés. Et ce, même s'il va mal ou s'il fait des bêtises !

7. Se rencontrer, même quand ça va bien

Ce n'est pas parce que tout marche comme sur des roulettes pour l'enfant qu'il ne faut pas rencontrer ses parents. À l'école, nous voyons tous les parents qui le souhaitent aussi souvent que possible, et/ou dès qu'un événement familial justifie que nous soyons mises au courant. De notre côté, dès que nous percevons que quelque chose coince en classe pour l'enfant, nous contactons la famille pour en discuter ensemble. Notre objectif ? Ne jamais perdre la confiance des parents. C'est pour cela qu'il faut proposer de dialoguer dès que nous percevons une baisse de forme, une démotivation, une agitation chez l'enfant.

La confiance que les parents nous accordent est le meilleur thermomètre de la qualité de notre relation avec l'enfant. D'ailleurs, je sais vite quand la relation se tend avec une famille ; en classe, l'enfant nous regarde l'air de dire : "Cause toujours, tu m'intéresses." Dans ce cas, pas de doute à avoir : il va falloir rétablir le dialogue et la confiance avec ses parents ! Dans tous les cas, ce sont toujours les parents qui prennent les décisions concernant leur enfant, mais nous pouvons les éclairer sur la vision que nous avons de cet enfant en collectivité. Laquelle déroute parfois le parent. Il découvre à cette occasion une facette de son enfant qu'il ne connaissait guère, voire pas du tout.

Quels que soient les hauts et les bas que la relation enseignants/parents traverse, il me semble qu'ici, elle est de bonne qualité. Plus apaisée et d'une autre nature en tout cas que dans bien des écoles que j'ai fréquentées, où les problèmes sont toujours traités "en cascade". S'il y a un souci avec un enfant, le directeur de l'école estime que c'est la faute de l'enseignant (qui ne tient pas sa classe/qui manque de patience) ; l'enseignant pense que c'est la faute des parents (qui passent tout à leur enfant chéri/qui ne surveillent pas les devoirs). Et les parents, eux, pensent que c'est la faute de l'enseignant (qui a pris leur enfant en grippe/qui a des méthodes pédagogiques dépassées). Ici aussi, il peut y avoir des frottements entre certains parents et l'équipe enseignante. Mais autant que possible, nous prenons notre part de responsabilité.

8. Inévitable expérience personnelle

C'est bien connu, l'expérience ne se transmet pas. Ce qui signifie que même les enfants des Amanins devront faire la leur... En voici un exemple. Arthur a 9 ans. À l'école, il arbore depuis peu un sweat à capuche, qu'il semble adorer. Il a vu récemment à la télé des rappeurs noirs porter ce sweat, et comme Arthur est noir, il copie ce look. Sa mère se désole: "Nous l'éduquons hors des valeurs matérielles, lui transmettons quantité d'autres valeurs. Mais lui, il ne s'intéresse qu'au look!" Nous la rassurons: "Il a 9 ans. Ne vous affolez pas, cela ne va pas durer! Il aurait 14 ans, ce serait une autre histoire. Mais ayez confiance en lui. Il a besoin d'expérimenter ces valeurs pour voir ce que cela fait. Quand il en aura fait le tour, il reviendra vers vos valeurs." On ne peut pas éviter que l'enfant aille voir jusqu'où le matériel rend heureux. C'est une expérimentation fréquente au collège, qui s'estompe une fois au lycée, lorsque l'adolescent réalise que l'argent n'est pas la seule valeur qui compte... Mais comment s'étonner que l'enfant soit tenté de faire quelques expériences autour de la consommation: il vit dans une société qui répète en continu que le bonheur, c'est d'avoir des baskets à 150 euros et de changer de portable chaque année. Baigné du matin au soir par ces messages, l'enfant ne peut pas faire autrement que de tester! Je connais quelques jeunes qui reproduisent fidèlement les valeurs parentales; ils refusent les vêtements de marque, s'habillent d'occasion. Mais ce n'est pas un choix personnel. Ils feraient presque mieux d'aller tester ce que cela fait de se choisir un autre look. Sinon, ils vont défendre l'idée qu'il ne faut rien porter de neuf, que se soucier du look est un principe imbécile. Pensant ainsi, ils ne sont pas libres. Un jour, ils pourraient s'aigrir de ne pas avoir fait leur propre expérience sur ce sujet. Le jeune Arthur, lui, choisit de tester. Il a besoin de porter ce sweat de marque à capuche, pour se rendre compte que fondamentalement, la marque ne change rien. Face à lui, le parent peut choisir de lâcher prise, tout en lui disant ce qu'il en pense, mais sans jugement. Certains enfants testent sur le look, d'autres sur l'alcool ou les cigarettes. C'est ce que me raconte une mère, très contrariée. Son fils cadet, 13 ans, vient de faire sa première sortie alcoolisée. Il était avec deux copains et ils avaient promis de boire “juste” une petite bière. Mais vu l’état dans lequel elle a récupéré son fils, elle suppose que la bière a dû être bien accompagnée! Elle a sermonné les trois copains: “Regardez l’état dans lequel vous vous mettez… avec les valeurs que vous avez reçues aux Amanins et à la maison!” Je lui ai répondu: “Il faut essayer un jour, ne serait-ce que pour dire: « Je choisis de ne pas le faire. »” Tout n’est pas à expérimenter, bien sûr. Mais c’est le rôle des enfants de tester, et notre rôle de parents de dire que nous ne sommes pas d’accord. Ce n’est pas un rôle très amusant, mais j’ai vu plein de gamins qui n’attendaient qu’une chose: qu’on leur dise stop, là tu vas trop loin. Car il ne faut pas croire que l’enfant trouve sa limite tout seul. Certains ont besoin d’aller très loin, voire de se mettre en danger. Ils attendent une réaction de l’adulte…, c’est-à-dire, à leurs yeux, la preuve que quelqu’un les aime.

L’histoire de l’expérience dans la vie de l’enfant, c’est l’histoire de l’essai/erreur en pédagogie. Cela ne suffit pas de lui dire: “Non, c’est une erreur, ne fais pas ce genre de choses (consommer de l’alcool ou des pétards, etc.)” L’enfant ne peut pas s’empêcher de penser: “Je vais quand même tester; pour moi, ça va se passer autrement.” Selon son histoire, il teste plus ou moins. Mais il est toujours dans cette illusion de la toute-puissance que pour lui, ce sera différent de ce qu’ont vécu les autres…

9. Se libérer du modèle parental

Quand on est enfant, on ne choisit pas. Pas plus l'éducation laxiste que l'éducation autoritaire. On fait avec ce qu'on nous propose. Dans un premier temps, l'enfant est un inconditionnel de ses parents. Pour pouvoir se construire, l'enfant est obligé de se raconter que ce qu'il vit en famille est (relativement) bien. Même si ce modèle n'est pas parfait, il va le rendre positif pour pouvoir s'identifier à ce schéma parental et familial.

Adolescent, il commence à le remettre en question ou à en pointer les contradictions. Jeune adulte, il cherche à faire mieux... ou autrement : en effet, aucun jeune ne part de chez ses parents en voulant faire moins bien qu'eux ! Mais dans les deux cas, il n'est pas libre, puisqu'il agit comme ou contre le modèle reçu. La vraie liberté consiste à se dégager du schéma parental et de bâtir son propre modèle. Pour cela, il lui faudra quelquefois comprendre qu'il a "repeint" son histoire d'enfant en rose ; c'est ce que font beaucoup d'adultes. Ils adoptent d'abord un ton positif ("Chaque hiver, je suivais des cours de ski, quelle chance j'avais."). Puis ils tombent le masque, avouant : "Quel cauchemar ! J'avais froid, je ne connaissais personne, le moniteur gueulait. Toute l'année, on allait en cours et là, il fallait suivre... et on passait pour un boulet si on ne tenait pas le rythme." Oser dire que son histoire n'était pas si formidable procure de la liberté.

Il n'est pas beaucoup plus aisé de se dégager d'une histoire familiale très heureuse. Comment arriver à la hauteur de ce parent porté aux nues ou dont l'attitude sous-entend parfois : "Ne cherche pas, tu ne m'arriveras jamais à la cheville" ? Pour se libérer de ce modèle, le jeune adulte devra se dire : "Je ne veux pas réparer une ancienne blessure de mes parents ou reproduire le projet social qu'ils espéraient pour moi. Je veux juste suivre ma voie."

10. Être des parents heureux

“Vous voudriez que votre enfant soit heureux ? Alors, soyez un parent heureux !” Ce conseil peut dérouter le parent qui pensait se consacrer corps et âme à l’éducation de ses enfants. Il n’est pourtant pas dénué de sagesse, pour deux raisons principales. D’abord, c’est à cette condition que nous donnons envie aux enfants de grandir, d’abandonner le monde tranquille de l’enfance pour découvrir le nôtre. Il serait quand même malheureux que nos enfants avancent à reculons vers l’âge adulte ! C’est donc notre rôle de parents de semer l’espoir et non de murmurer d’un air navré : “Désolés, les enfants, nous vous laissons une planète en sale état. Bon courage pour la suite, elle ne s’annonce pas très riante.”

La seconde raison, c’est qu’un parent heureux libère son enfant. Lequel peut s’élancer dans sa vie sans craindre que son parent ne s’écroule. L’enfant sait que son parent a des passions et un entourage qui le nourrissent en dehors de lui. Il peut s’éloigner (ce que tout enfant fera, un jour ou l’autre) sereinement, sans culpabiliser d’être heureux de partir et d’abandonner sur place son parent sans élan ni projet.

XI

ET APRÈS ?

Rien de mieux que les principaux concernés pour témoigner de la façon dont l'école a marqué leur scolarité. Quelques témoignages d'anciens élèves et de leurs parents ont été recueillis... Je les commente en fin de chapitre.

1. Stéphanie, chiropracteur, mère de Robin (15 ans) et Charlotte (13 ans)

"J'ai vite compris que mon fils était différent : un peu trop pour rentrer dans une école « normale », pas tout à fait assez pour être considéré comme autiste. L'école maternelle a été un calvaire, pour lui. Lorsqu'il a intégré les Amanins, en CP, il ne savait pas compter au-delà de 5. Mais Isabelle a tout de suite trouvé la porte d'entrée et a manifesté tant de patience que Robin s'est débloqué : il n'avait plus peur et le fait d'être avec les mêmes enfants pendant cinq ans l'a stabilisé. Puis sa sœur l'a rejoint. J'étais contente qu'ils soient là-bas : c'était beau, paisible, ils mangeaient bien. Isabelle sait mettre le cadre et elle n'est pas trop dans l'affect. Cela donne des enfants respectueux de l'adulte. Mais arrivé au CM2, il y avait une sorte d'excitation à aller voir le monde, à sortir de ce cadre familial.

Aujourd'hui, Robin et Charlotte ont toujours ce respect de l'enseignant ; ils vont au collège avec l'intention d'apprendre quelque chose de cet adulte. Ils y ont tous deux trouvé leurs marques, après un démarrage un peu rude pour Charlotte. Ils ont de très bons résultats mais l'irrespect des élèves les choque. Robin trouve injuste qu'en technologie, le professeur ne puisse pas faire le cours pour des questions... de discipline. Pour moi aussi, ce passage par les Amanins a été salvateur. Au cours d'une réunion, Isabelle a dit : « La seule responsabilité qu'on ait en tant que parent, c'est d'être heureux ». Cette phrase a allumé une lumière en moi. J'ai compris que mes enfants avaient besoin de modèles d'adultes qui leur donnent envie de grandir."

2. Cécile, chanteuse bientôt fleuriste, mère de Mia

“Mia est entrée en CE1 à l'école du Colibri. Comme elle est précoce, on a préféré qu'elle soit dans une petite structure. Dans une classe standard, un enseignant n'a pas le temps de s'occuper des cas particuliers ! Ce n'est pas une critique, mais une réalité. Aux Amanins, Mia a trouvé sa place. Et quelle chance de grandir entourée d'un tel espace ! Aujourd'hui, Mia est une enfant très sociable, facile à vivre ; la transition avec le collège s'est bien passée. Elle avait plutôt hâte de quitter le « cocon » des Amanins : le monde étant ce qu'il est, si nous l'avions laissée plus longtemps, le retour à la réalité aurait peut-être été plus compliqué !”

3. Mia, 12 ans, en 5^{e}

"Aux Amanins, le petit nombre d'élèves fait qu'on a des amis dans tous les niveaux et il y a une profondeur dans la relation qui ne me semble pas aussi évidente au collège. Par contre, je n'y aurais pas passé toute ma scolarité. Au collège, avec 100 élèves par niveau, on ne sait pas comment la classe sera composée... alors qu'à l'école, on sait que le groupe de CE1 sera le même en CM2. Et la pédagogie de l'école ne colle pas forcément avec les collégiens : une cour de récréation en pleine nature, pour un ado, ça ne passe pas ! Et quand il y a un conflit, il ne se règle pas en discutant, comme on le faisait à l'école, mais par la violence (plutôt verbale côté filles, plutôt physique côté garçons). C'est bien de privilégier la parole comme aux Amanins mais il faudrait que le monde tourne autour de ces valeurs... et ce n'est pas le cas. Moi, j'ai appris à m'adapter ! En début de 6e, certains me disaient : "Tu es une intello, une fayote." Au final, je me suis fait un cercle de copains, où on a tous nos qualités et nos défauts. On s'enrichit mutuellement.

Ce que je retiens de l'école ? Le lien à l'autre. L'empathie, que j'y ai apprise, me permet d'être à la fois en face de l'autre et à l'intérieur de lui pour savoir comment il me perçoit ; c'est précieux, surtout en cas de conflit. Je suis heureuse d'être passée par cette école. La différence avec les autres élèves est subtile. Elle tient à cette question du lien, de s'adapter face à l'autre, et de prestance aussi. Les enfants qui sortent des Amanins, je les trouve plus ouverts d'esprit, de cœur. Par exemple, certains élèves sont moqueurs ; j'espère que moi, je ne le deviendrai pas. Mais c'est dur de résister à la moutonnerie... Et aussi, l'attitude de certains élèves qui font la foire en cours me gêne vis-à-vis des professeurs. Avoir le respect des professeurs, c'est assez rare au collège alors que le respect de l'autre était une base de l'école ! Au collège, même si je bavarde un peu, je ne me permettrais pas de faire du boucan. Pour les profs mais aussi pour moi : j'ai envie d'apprendre, je suis heureuse d'aller en cours. Plus tard, je voudrais être prof de français. Donc je suis attentive aux profs... Si je résume, j'ai des bonnes notes, de bons profs et des amis fantastiques : c'est la belle vie."

4. Marion, mère de Shemsi et de Maéla

"J'ai eu de gros soucis scolaires. Vers 14-16 ans, je rêvais d'école différente, d'école en bateau. Devenue mère, j'ai été attentive aux écoles alternatives ; mais je ne voulais pas contraindre mes enfants à être différents parce que j'avais eu envie de l'être, adolescente ! C'est d'ailleurs la première chose qui m'a plu aux Amanins : Isabelle vient de l'Éducation nationale et respecte le programme. Comme ça, si mes enfants veulent rejoindre le circuit « standard », ils pourront. On vit dans une société où il me semble plus simple d'être adapté, quitte à s'en écarter quand on en a envie. En cela, le passage par les Amanins a donné quelque chose en plus à mes enfants. Il les a ouverts et non marginalisés. Shemsi a été détecté précoce et Isabelle a tout de suite pris en compte ses spécificités. Le fait d'avoir une classe unique, avec des enfants de 6 à 11 ans, a été bénéfique : cela noyait les différences ! Puis Maéla a rejoint son frère. Elle a un profil de précocité assez différent. J'ai beaucoup apprécié qu'il y ait des bilans réguliers : nous avons toujours appris des choses sur nos enfants. Le temps de l'enfance a été plutôt préservé, aux Amanins : les enfants ont été bien nourris, tenus à l'écart de la violence, entourés de parents et d'enseignants à l'écoute... Au collège, Shemsi et Maéla sont bons en classe et très autonomes. Ils gardent de leur passage aux Amanins un rapport très sain à l'adulte, sûrement parce qu'ils ont été pris en considération, plus jeunes. D'ailleurs, Maéla a été estomaquée quand elle a dit à une prof « Vous deviez nous rendre nos copies »... et que celle-ci l'a menacée de la coller. Elle découvre que, parfois, l'adulte tranche, sans se soucier de l'impact de sa décision. Elle découvre aussi que pour s'intégrer à un groupe, il y a d'autres valeurs qui rentrent en compte (des chaussures comme ci, un look comme ça). Mais avec ou sans les Amanins, c'est une période que les ados vivent de toute façon ! Les enfants gardent aussi ce qu'ils ont appris scolairement, en amitié et en termes d'humanisme. Par contre, le rapport entre eux deux est plus conflictuel ; nous leur disons : « Vous n'étiez pas ambassadeurs de paix, aux Amanins ? » Il me semble qu'ils l'ont vite oublié ! Mais je me dis que c'est une période normale (surtout entre un frère et une sœur de cet âge), qu'ils ont cet acquis en eux et qu'ils s'en serviront plus tard."

5. Shemsi, 12 ans, en 4^{e}

“Au collège, la grosse différence avec les Amanins, ça a été la façon dont les garçons se parlaient entre eux… En 6e, j’ai été délégué de classe et j’ai été aussi un temps au CMJ, Conseil municipal des jeunes. Mais j’ai arrêté les deux : d’abord, en tant que délégué, dès qu’on fait un pas de travers, les profs taclent. J’ai trouvé ça pénible. Et puis le CMJ, ce n’était pas mon truc, j’avais l’impression qu’on discutait de choses qui avaient déjà été décidées par le maire ! En gros, s’il était d’accord avec une de nos propositions, il la reprenait en disant qu’elle venait de nous. Mais s’il n’était pas d’accord, il s’en moquait. Pour moi, c’était du faux, ce CMJ. C’était pour faire comme si on écoutait les jeunes. Ce n’était pas du tout comme aux Amanins : là-bas, quand on demande son avis à l’enfant, on l’écoute vraiment.

Des Amanins, je garde beaucoup de souvenirs de nature ; j’avais déjà ce goût en moi, mais ça l’a développé. Je me souviens aussi des temps tous ensemble, où on parlait beaucoup. Et… du covoiturage, à 4-5 enfants dans la voiture. Ces enfants-là sont toujours mes copains.”

6. Maéla, 11 ans, en 5e

"À l'école d'Isabelle, j'étais copine avec des enfants du CP aux CM2 alors qu'au collège, je ne fréquente que les élèves de mon âge. Et c'est aussi très marqué garçons/filles ; aux Amanins, si les filles avaient envie de jouer au foot, c'était possible. Ici, sûrement pas ! Je remarque aussi qu'à l'école, quand on faisait une erreur, ça n'importait à personne, alors qu'au collège, quand on a trois fois une note entre 12 et 14, on a trois heures de colle. C'est comme une menace...

Avec mes copines aussi, quelquefois, je me sens différente. Par exemple, quand elles se prennent un « râteau » avec un garçon, elles culpabilisent, gardent leur tristesse ou la transforment en colère contre les autres. Ça ne sert à rien : moi, j'essaierais plutôt de passer à autre chose. Parfois, elles n'utilisent pas la parole pour améliorer la relation."

7. Hélène, sociologue, mère de Maya

"Si je repense à ce que nous avons gardé des Amanins, il me vient spontanément le langage des émotions ; Maya a appris à identifier et exprimer ses émotions. Et c'est quelque chose que nous cultivons en famille, grands et petits ! Ensuite, en tant que parent d'élève, cela a été appréciable pour moi d'avoir une place à l'école. Aujourd'hui, je vois la différence avec l'école maternelle (où j'ai l'impression de déranger) et le collège (où notre rôle est quasi inexistant)... Et la porte nous était toujours ouverte, même si l'enfant n'était pas forcément en difficulté. Par contre, 10 demi-journées de participation par an, pour des gens qui travaillent à plein temps, ce n'est pas évident. Mais en même temps, on a partagé des moments très chouettes avec les salariés et les enfants. Et Maya ? Elle se retrouve au collège avec deux ex-Amanins, dans une classe où ils essaient de supprimer les notes. Elle y est habituée. Par contre, le rapport à certains professeurs, en début d'année, cela a été la douche froide ! Il y a très peu de place au dialogue et les heures de colle tombent vite. Le rapport aux élèves, non plus, n'a pas été évident en début d'année. Maya était choquée par la violence des propos entre eux. Les enfants des Amanins n'ont pas les billes : ils se retrouvent en terrain inconnu, sans trop savoir comment être ou comment répondre."

8. Maya, 12 ans, en 6e

"Aux Amanins, j'adorais la cour de récréation : le coin cabanes, notre petit jardin… Mon petit frère (qui y sera bientôt) va s'éclater là-bas. Le collège a été un gros changement. En récréation, par exemple, il y a des élèves qui crachent par terre, disent des gros mots. Nous, on ne faisait pas ce genre de choses ! Et puis Isabelle pouvait réexpliquer plusieurs fois sans s'impatienter alors que certains professeurs ne sont pas très patients et distribuent des heures de colle pour n'importe quoi. Je ne trouve pas cela très juste. Mais cela ne m'empêche pas de respecter les profs. Aux Amanins, j'ai appris à respecter les autres ; j'essaie de m'y tenir même si ce n'est pas toujours facile. Je vois des garçons qui étaient aux Amanins, se laisser « contaminer » par la violence. Cela m'arrive, aussi. Je réponds quand un élève m'envoie une pique. Je n'arrive pas à m'en empêcher. C'est comme si j'apprenais de nouveaux codes et que je me mettais une petite carapace. Des Amanins, je garde une facilité à parler de mes émotions ; mais je le fais à la maison plutôt qu'avec les copains. C'est compliqué d'expliquer comment on fait à quelqu'un qui n'a pas été aux Amanins."

9. Antoine, 13 ans, en 4e

"J'ai fait toute ma scolarité, du CP au CM2, aux Amanins. Mes parents sont assez branchés écologie : les valeurs de l'école leur correspondaient bien. Aujourd'hui, je suis dans un collège privé. Tout ce qu'on faisait à l'école, comme essayer d'intervenir dans les conflits, ça ne se fait pas trop au collège, si bien que j'ai un peu perdu ces habitudes-là… Je ne peux pas dire que ce sont des méthodes inadaptées parce que je suis un garçon. C'est juste qu'ici, ça ne marche vraiment pas comme ça. Au collège, il y a beaucoup de mots grossiers, des insultes. Mes copains trouvent ça normal d'en dire, alors que moi, ça m'a choqué dès que je suis arrivé au collège. Aux Amanins, on ne s'insultait pas. Quand je repense à l'école, j'ai un souvenir qui me revient : on faisait des cabanes, pendant la récréation. On s'occupait aussi des poules, des brebis ; j'aimais beaucoup la nature ! Et je me souviens des débats sur le vivre ensemble. J'en ai de bons souvenirs, même si je ne participais pas beaucoup car j'étais un peu dans la lune."

10. Matthis, 13 ans, en 5e

“Le passage des Amanins à la 6e a été très dur pour moi ; beaucoup de choses me frappaient, notamment la méchanceté des élèves entre eux. J’en ai moi-même souffert : on m’a fait beaucoup de réflexions, notamment sur ma coiffure. À l’époque, je ne me coiffais presque pas… or, c’est comme si on devait tous être coiffé avec du gel. Si on n’est pas comme tout le monde, on n’est pas intégré ! Moi, c’est sûr, je me sentais un peu différent. Et comme j’avais de très bonnes notes, j’étais un « intello ». Pour moi, c’est un compliment. Mais pour les autres élèves, c’est comme une insulte ! Ce décalage a duré jusqu’en 5e ; j’ai changé de collège, à cause des réflexions et de l’ambiance. Face à l’élève, les profs étaient beaucoup sur le registre : “C’est de ta faute, pas de la mienne.” Maintenant, je suis dans un collège public. J’y suis bien intégré mais je ne suis pas tout à fait moi-même : je me suis adapté… J’ai eu beaucoup de chance de passer par cette école : j’aimais beaucoup les temps de vivre ensemble. Et j’adorais l’atelier philo ! C’est dommage que cette culture ne soit pas plus partagée au collège. Je me servirai plus tard des outils que j’y ai appris mais au collège, ça ne marche pas. À l’école, quand un conflit opposait deux enfants, on se disait : « Je me suis senti blessé quand tu as fait ça » ; ici, ils disent juste : « Tu as fait/tu as dit… ». C’est plus facile d’accuser l’autre que de dire ce qu’on ressent. Comme je venais d’un autre univers que le leur, les élèves ne comprenaient pas ce que je voulais dire.”

11. Bertrand, artisan, père de Zoé

"C'est la mère de Zoé qui connaissait cette école et souhaitait que notre fille y aille. Zoé est très dyslexique ; moi-même, je devais l'être aussi. Mais à l'époque, on disait juste que j'étais un cancre ! J'ai respecté ce choix d'école. Je trouve presque romantique de faire une telle école, pas du tout élitiste. Aujourd'hui, je sens Zoé équitable. Ça me fait plaisir de voir qu'elle continue à faire des choses qu'elle faisait à l'école, comme la gestion des conflits. Je le vois au quotidien, avec sa petite sœur. Au lieu de se disputer avec elle, Zoé trouve toujours un compromis, pour faire une activité qui leur convienne à toutes deux."

12. Zoé, 11 ans, en 6e

"J'ai beaucoup de souvenirs du coin cabanes, de la nature et de la classe de découvertes : on y avait fait du pain ! J'ai trouvé le démarrage de la 6e un peu dur. D'abord, je n'aime pas beaucoup changer de salle ; on ne sait jamais où il faut aller. Et en classe, une fois, en français, j'ai demandé une explication au prof. Il m'a dit : "Tu le fais exprès ou quoi ?" J'ai repensé à ici : jamais ça ne se serait passé comme ça. Comme je suis dyslexique, quand je ne comprenais pas quelque chose, ça m'arrivait d'attendre que quelqu'un d'autre que moi pose la question. On avait beau me dire que ce n'était pas grave de poser plusieurs questions, j'avais un peu de mal, parfois. Mais maintenant, au collège, vu la réaction des profs, c'est sûr qu'au-delà de deux fois, je ne demande plus rien..."

13. Mon regard sur ces témoignages

J'ai été surprise, ravie et émue à la lecture de ces témoignages... Je ne pensais pas que mes anciens élèves seraient capables de formuler de telles choses ! En fait, je pensais avoir semé dans leur tête des petites graines (le respect des autres, le plaisir d'apprendre, le lien à la nature, etc.), qui germeraient plus tard et ressortiraient à l'âge adulte. Je m'aperçois qu'il n'en est rien : ces graines ont déjà fécondé ! Je suis stupéfaite de leur capacité à analyser aussi clairement leurs impressions et ce qu'ils retiennent des années passées à l'école. Ils ont perçu des choses que moi-même, je n'ai comprises qu'à l'âge adulte...

Dans le détail, j'ai trois remarques à apporter. D'abord, je comprends très bien la réaction de certains, impatients de quitter le cocon. C'est vrai, notre école a un côté familial. Or, arrivé à l'adolescence, l'enfant est plus attiré par un lieu comme le collège. Plus neutre, plus anonyme, il lui permet de faire plus tranquillement les essais/erreurs inhérents à cet âge. À l'adolescence, il y a besoin d'un plus grand nombre d'élèves autour de soi, pour se fondre dans la masse et expérimenter toutes les postures. Par ailleurs, la construction de soi se fait entre pairs plus que sous le regard d'un adulte (et d'un adulte qui connaît ce jeune depuis l'enfance, qui plus est !).

Deuxièmement, je remarque leur capacité d'adaptation. Beaucoup de parents se disaient : "L'arrivée au collège va faire un choc à nos enfants." En fait, je les trouve très adaptables. Ils ont construit une estime de soi suffisante pour faire face à la nouveauté et à ce qu'ils découvraient dans le collège et qui les frappait. J'en arrive à mon dernier point : je suis frappée par leurs réflexions sur le respect de soi et des autres. Beaucoup semblent avoir été choqués par la manière dont les élèves se parlent entre eux, se comportent dans la cour ou avec les professeurs. Le respect (ou plutôt l'absence de respect...) entre élèves, des élèves envers les adultes, et de la part des professeurs a manifestement retenu leur attention. Ils ont l'œil pour repérer les défaillances des adultes qu'ils rencontrent... Mais après tout, c'est normal : l'art de la rencontre avec l'autre est le projet central de notre école !

En tout cas, je sens en eux une envie de faire confiance à l'enseignant, et un plaisir à apprendre toujours intact, toujours intense. Je suis heureuse pour eux qu'ils l'aient à ce point ancré en eux... Ils vont découvrir, tout au long de leur vie, combien cette richesse est précieuse.

CONCLUSION

Tout enfant qui arrive dans l'école est un nouveau défi pour l'enseignante que je suis : celui-ci, comment va-t-il réfléchir ? Comment va-t-il comprendre et travailler ? Et chaque groupe d'enfants crée une nouvelle alchimie, que je vais découvrir au fil de l'année et qui relance ma curiosité et mon imagination. Chaque jour, en classe, je me sens comme une chercheuse en pédagogie ; je vais piocher dans tout ce que j'ai expérimenté pour aider les enfants à entrer en apprentissage et pour aller à leur rencontre. C'est chaque jour différent et chaque jour passionnant.

La société doit prendre soin de ses enfants et porter toute son attention sur l'éducation qu'elle leur propose, puisque cette dernière prépare l'avenir. Mais pour cela, il faudrait peut-être repenser la formation de l'enseignant, pour lui donner les moyens de faire son travail au mieux : l'inviter à avoir une expérience professionnelle avant d'exercer son métier (il comprendrait mieux les contraintes des parents, ce qui comblerait le fossé entre eux), favoriser la formation continue tout au long de la vie (au minimum une semaine par an, sur le temps de vacances) et démarrer ce métier formidable mais exigeant en alternance, "tutoré" par des enseignants en poste. En redonnant à l'enseignant la liberté et la responsabilité de sa mission, l'Éducation nationale lui permettrait de mettre en œuvre sa créativité et de redonner ainsi ses lettres de noblesse à l'enseignement.

Demain, dans notre vie quotidienne, nous serons tous obligés de partager, de coopérer. Il nous faut donc apprendre à l'enfant à se décaler de la compétition omniprésente, sans pour autant qu'il se laisse piétiner. Cette posture du "ni-ni" (ni dans la compétition, ni dans la soumission) me fait penser à ce qu'on dit en aïkido. Lorsque quelqu'un m'attaque, je le mets au sol et lui dis : "T'attaquer, je sais faire mais je n'en ai pas envie. Que pourrait-on faire ensemble ?"

Nous pourrions coopérer ; c'est-à-dire progresser vers une humanité unifiée, qui va du je au nous, du nous au je pour faire émerger le meilleur de chacun.

Nous pourrions donner envie à l'enfant d'oser être lui-même. Et lui donner la soif d'apprendre et la joie d'être élève, que je sens toutes deux si présentes chez les enfants de l'école.

Nous pourrions nous réjouir de travailler à côté d'enfants qui sont chaque jour dans l'instant présent, la gratuité du don, et nous rappellent l'essentiel.

Nous pourrions enfin être des adultes heureux..., ce qui est le moyen le plus sûr pour donner aux enfants l'envie de grandir. Et nous pourrions alors les accompagner vers leur vie future, pour qu'ils soient, à leur tour, des adultes heureux.

Colibris
coopérer pour changer

Colibris est une ONG qui encourage une dynamique de créativité au sein de la société civile. Sa mission consiste à inspirer, relier et soutenir ceux qui veulent construire une société écologique et humaine.

Éducation, économie, agriculture, énergie, habitat..., l'association met en lumière les solutions les plus abouties dans chaque domaine et propose des outils concrets pour favoriser leur mise en œuvre sur des territoires. La méthode Colibris facilite la coopération entre citoyens, élus, entrepreneurs, et permet à chacun d'agir, individuellement ou collectivement, sur son lieu de vie.

Les Colibris, ce sont tous ces individus qui inventent, expérimentent, coopèrent concrètement pour bâtir des modèles de vie en commun respectueux de la nature et de l'être humain.

Fondée sous l'impulsion de Pierre Rabhi en 2007, Colibris appartient au réseau Terre et Humanisme, dont la vocation de chaque structure est d'encourager l'émergence et l'incarnation de nouveaux modèles de société par une politique en actes.

La collection "Domaine du possible", dans laquelle ce livre est édité, est le fruit d'une collaboration et d'une amitié entre Actes Sud et Colibris entamées en 2007.

Pour plus d'information : http://www.colibris-lemouvement.org.

Ouvrage réalisé
par l'Atelier graphique Actes Sud.
Achevé d'imprimer
en février 2017
par Normandie Roto Impression s.a.s.
61250 Lonrai
sur papier fabriqué à partir de bois provenant
de forêts gérées durablement
pour le compte
des éditions Actes Sud
Le Méjan
Place Nina-Berberova
13200 Arles.

Dépôt légal
1re édition : octobre 2014
N° d'impression : 1700677
(Imprimé en France)